FRÖKEN JULIE
FADREN
ETT DRÖMSPEL

AUGUST STRINDBERG

Fröken Julie/Fadren/Ett drömspel
Copyright © Jiahu Books 2013
First Published in Great Britain in 2013 by Jiahu Books – part of
Richardson-Prachai Solutions Ltd, 34 Egerton Gate, Milton
Keynes,
MK5 7HH
ISBN: 978-1-909669-50-5
Conditions of sale
A CIP catalogue record for this book is available from the British
Library
Visit us at: jiahubooks.co.uk

FRÖKEN JULIE

PERSONER.
Fröken Julie, 25 år.
Jean, Betjänt, 30 år.
Kristin, Kokerska, 35 år.
Handlingen i Grevens kök, midsommarnatten.

SCENERI

Ett stort kök, vars tak och sidoväggar döljas av draperier och suffiter. Fondväggen drar sig snett inåt och uppåt scenen från vänster; på densamma till vänster tvenne hyllor med koppar- , malm- , järn- , och tennkärl; hyllorna garnerade med goffrerat papper; något till höger tre fjärdedelar av den stora välvda utgången med två glasdörrar, genom vilka synes en fontän med en amorin, syrenbuskar i blom och uppstickande pyramidpopplar.

Till vänster på scenen hörnet av en stor kakelspis med ett stycke av kappan.

Till höger framskjuter ena ändan av tjänstefolkets matbord av vit furu med några stolar.

Spisen är klädd med björklövsruskor; golvet strött med enris.

På bordsändan en stor japansk kryddburk med blommande syrener.

Ett isskåp, ett diskbord, ett tvättställ.

En stor gammaldags ringklocka ovanför dörren, och ett talrör mynnande på vänstra sidan om densamma.

Kristin står vid spisen och steker i en stekpanna; hon är klädd i ljus bomullsklänning och har ett köksförkläde framför sig; Jean kommer in klädd i livré; bärande ett par stora ridstövlar med sporrar som han ställer ifrån sig på en synlig plats på golvet.

JEAN I kväll är fröken Julie galen igen; komplett galen!
KRISTIN Så, är han här nu?
JEAN Jag följde greven till station, och när jag kom tillbaka förbi logen, gick jag in och dansade. Och så får jag se fröken anföra dansen med skogvaktarn. Men när hon blir varse mig, rusar hon direkt i mina armar och bjuder upp mig, till damernas vals. Och sen har hon valsat så - att jag aldrig varit med om dylikt. Hon är galen!

KRISTIN Det har hon alltid varit, men aldrig så som de sista fjorton dagarna, sedan förlovningen slogs opp.

JEAN Ja, vad var det med den historien? Det var ju en fin karl, fast han inte var rik. Ack! de har så mycket choser för sig. *Sätter sig vid bordsändan.* Det är besynnerligt i alla fall, med en fröken, hm, att hellre vilja stanna hemma med folket, va? än följa sin far bort till släktingar under midsommar!

KRISTIN Hon är väl liksom generad efter den där kalabaliken med fästmannen.

JEAN Troligen! Men det var en karl för sin hatt i alla fall. Vet du, Kristin, hur det gick till? Jag såg det jag, fast jag inte ville låtsas om det.

KRISTIN Nej, såg han det?

JEAN Jo, så gjorde jag. - De hölls på stallgårn en afton och fröken tränerade honom som hon kallade det - vet du hur det gick till? Jo, hon lät honom springa över ridspöet! som en hund man lär hoppa. Han sprang två gånger och fick ett rapp för var gång; men tredje tog han ridspöet ur handen på henne, bröt det i tusen bitar; och så gick han.

KRISTIN Gick det till på det viset! Nej! vad han säger?

JEAN Ja, så var det med den saken! - Men vad har du nu för gott att ge mig Kristin?

KRISTIN *lägger opp ur pannan och sätter för Jean.* Åh, det är en smula njure bara som jag skar ur kalvsteken!

JEAN *luktar på maten* Skönt! Det är min stora délice! - *Känner på tallriken* - Men du kunde ha värmt tallriken!

KRISTIN Han är då kinkigare än själva greven, när han sätter till - *drar honom smeksamt i håret*

JEAN *ond* Nej du får inte lugga mig! Du vet hur ömtålig jag är!

KRISTIN Så så, det var bara kärlek vet han ju!

Jean äter. Kristin drar opp en butelj öl.

JEAN Öl, på midsommarafton; nej tack ska du ha! Då har jag bättre själv!

Öppnar en bordslåda och tar fram en butelj rödvin med gult lack.

Gula lacket, ser du! - Ge mig nu ett glas! Ett fotglas förstås, när man dricker *pur*!

KRISTIN *återvänder till spisen och sätter på en liten kastrull* Gud

6

bevare den som skulle få honom till man! En sån kinkblåsa!

JEAN Åh prat! Du blev nog glad om du fick en sån fin karl som jag; och jag tror inte du haft skada av att man kallar mig din fästman!

smakar vinet

Bra! mycket bra! Bara lite för lite tempererat!

värmer glaset med handen

Det här köpte vi i Dijon! Och det stod till fyra francs litern utan glas; och så kommer tullen till! Vad kokar du nu som luktar så infernaliskt?

KRISTIN Åh det är något fanstyg som fröken Julie skall ha åt Diana!

JEAN Du ska uttrycka dig vårdat Kristin! Men vad ska du stå och koka åt hundrackan på helgdagsafton? Är den sjuk, va?

KRISTIN Ja, den är sjuk! Hon har smugit sig ut med grindstugans mops - och nu är det på tok - och se det vill inte fröken veta av!

JEAN Fröken är så högfärdig i somliga fall, och för litet stolt i andra, alldeles som grevinnan i livstiden. Hon trivdes bäst i köket och lagårn, men hon ville aldrig åka efter en häst; hon gick med smutsiga manschetter, men skulle ha grevekronan i knapparna. - Fröken, för att nu tala om henne, tar inte vara på sig och sin person. Jag skulle vilja säga att hon inte är fin! Nyss när hon dansa på logen så röck hon skogvaktarn från Annas sida och bjöd opp honom själv! Inte skulle vi göra på det viset; men så år det när herrskap ska göra sig gemena - så bli de gemena!

Men ståtlig är hon! Praktfull! Ah! Såna axlar och - etcetera!

KRISTIN Åh ja, skryt lagom! Jag har hört vad Klara säger jag, som har klätt henne!

JEAN Asch, Klara! Ni är alltid avundsjuka på varann! Jag som har varit ute och ridit med henne ... Och så hon dansar sedan!

KRISTIN Hör nu, Jean; vill han inte dansa med mig när jag blir färdig ...

JEAN Jo, naturligtvis vill jag det!

KRISTIN Lovar han det då?

JEAN Lovar? När jag säger att jag gör det, så gör jag det! Nu ska du emellertid ha tack för mat! Det var mycket skönt!

FRÖKEN *i dörren, talar utåt* Jag är straxt tillbaka! Gå på ni så länge!

JEAN *smyger buteljen i bordslådan; reser sig aktningsfullt*

FRÖKEN *in; fram till Kristin vid spiseln* Nå; är du i ordning?

KRISTIN *tecknar att Jean är närvarande*

JEAN *galant* Är det hemligheter damerna ha för sig?

FRÖKEN *slår honom i ansiktet med näsduken* Det är nyfiken!

JEAN Ah, vad det luktade gott av den violetten!

FRÖKEN *kokett* Oförskämt! Förstår han sig på parfymer också!
Dansa, det kan han bra ... så inte titta! gå sin väg!

JEAN *näsvist, artigt* Är det någon trollsoppa på midsommarnatten
som damerna kokar? Någonting att spå med! lyckans stjärna, där
man får se den tillkommande!

FRÖKEN *skarpt* Får han se den, så ska han ha starka ögon. - *till
Kristin* - Slå opp på en halvbutelj och korka väl! Kom nu och dansa
en scottish med mig, Jean ...

JEAN *dröjande* Jag vill inte vara oartig mot någon, men den här
dansen hade jag lovat Kristin ...

FRÖKEN Nå hon kan ju få en annan; eller hur Kristin? Vill du inte
låna ut Jean åt mig?

KRISTIN Det beror inte på mig det;om fröken är nedlåtande, så
passar det sig inte att han säger nej! Gå han! bara och tacka till för
äran.

JEAN Uppriktigt, talat, men utan att vilja såra, så undrar jag ändå
om det är klokt av fröken Julie att dansa två gånger efter varann med
samma kavaljer, i synnerhet som det här folket icke är sent att ge
tydningar.

FRÖKEN *brusar upp*
Vad för slag? Vad för slags tydningar? Vad menar han?

JEAN *undfallande* Efter fröken inte vill förstå, så måste jag tala
tydligare. Det ser illa ut att föredra en av sina underhavande för
andra som vänta samma ovanliga ära ...

FRÖKEN Att föredra! Vilka tankar! Jag är förvånad! Jag, husets
härskarinna, hedrar folkets dans med min närvaro, och när jag nu
verkligen vill dansa, så vill jag dansa med en som kan föra, så att jag
slipper bli utsatt för löje.

JEAN Som fröken befaller! Jag är till tjänst!

FRÖKEN *blitt* Tag det inte så nu att jag befaller! I afton äro vi ju till
fest som glada mänskor och lägga bort all rang! Så, bjud mig armen
nu! - Var inte orolig Kristin! Jag ska inte ta din fästman ifrån dig!
Jean bjuder sin arm och för ut fröken

Pantomim

Spelas så som om skådespelerskan verkligen vore ensam i lokalen; vänder vid behov ryggen åt publiken; ser icke ut i salongen; brådskar icke som om hon vore rädd publiken skulle bli otålig.

Kristin ensam. Svag fiolmusik på avstånd i scottishtakt.

Kristin gnolande efter musiken; dukar av efter Jean, diskar tallriken vid slaskbordet, torkar och ställer in i ett skåp.

Därpå lägger hon av sig köksförklädet, tar fram en liten spegel ur en bordslåda, ställer den mot syrenkrukan på bordet; tänder ett talgljus och värmer en hårnål, varmed hon krusar håret i pannan.

Därpå ut i dörren och lyssnar, återvänder till bordet. Hittar frökens kvarglömda näsduk, som hon tar och luktar på; sedan breder hon ut den, liksom i tankarne, sträcker den, slätar den och viker den i fyra delar o.s.v.

JEAN *in ensam* Ja men hon *är* galen! Ett sådant sätt att dansa! Och folket står och grinar åt henne bakom dörrarne. Vad säger du om det Kristin?

KRISTIN Ack det är ju hennes tider nu, och då är hon ju alltid så där egendomlig. Men vill han komma och dansa med mig nu?

JEAN Du är väl inte ond på mig att jag mankerade ...

KRISTIN Inte! - Inte för så lite, det vet han nog; och jag vet min plats också ...

JEAN *lägger handen om hennes liv* Du är en förståndig flicka Kristin och du skulle bli en bra hustru ...

FRÖKEN *in; obehagligt överraskad; med tvungen skämtsamhet* Ni är just en charmant kavaljer som springer ifrån er dam.

JEAN Tvärtom, fröken Julie, som ni ser har jag skyndat uppsöka min övergivna!

FRÖKEN *turnerar* Vet ni att ni dansar som ingen! - Men varför går ni i livré på helgdagsafton! Tag av det där genast!

JEAN Då måste jag be fröken avlägsna sig ett ögonblick, för min svarta rock hänger här ... - *går åt höger med en gest*

FRÖKEN Generar han sig för mig? För att byta en rock! Gå in till sig då och kom tillbaka! Annars kan han stanna så vänder jag ryggen till!

JEAN Med er tillåtelse min fröken! *går åt höger; man ser hans arm när han byter rock*

FRÖKEN *till Kristin* Hör Kristin; är Jean din fästman efter han är så förtrolig?
KRISTIN Fästman? Ja, om man så vill! Vi kallar det så.
FRÖKEN Kallar?
KRISTIN Nå, fröken har ju själv haft fästman, och ...
FRÖKEN Ja vi voro förlovade riktigt ...
KRISTIN Men det blev ju till ingenting ändå ...
JEAN *in i svart bonjour och svart melonhatt*
FRÖKEN Très gentil; monsieur Jean! Très gentil!
JEAN Vous voulez plaisanter, madame!
FRÖKEN Et vous voulez parler français! Var har ni lärt det?
JEAN I Schweiz medan jag var *sommelier* på ett av de största hotellen i Luzern!
FRÖKEN Men ni ser ju ut som en gentleman i den där redingoten! Charmant! *sätter sig vid bordet*
JEAN Åh ni smickrar!
FRÖKEN *stött* Smickrar honom?
JEAN Min naturliga blygsamhet förbjuder mig tro, att ni säger veritabla artigheter åt en sådan som mig, och därför tillät jag mig antaga att ni överdrev, eller som det kallas smickra!
FRÖKEN Var har ni lärt er att lägga orden så där? Ni måste ha besökt teatrarna mycket?
JEAN Även det! Jag har besökt många ställen, jag!
FRÖKEN Men ni är ju född här på trakten?
JEAN Min far var statkarl hos advokatfiskalen här bredvid, och jag har nog sett fröken som barn, fastän fröken inte observerat mig!
FRÖKEN Nej, verkligen!
JEAN Jo, och jag minns särskilt en gång ... ja det kan jag inte tala om!
FRÖKEN Åhjo! Gör det! Va? Så här undantagsvis!
JEAN Nej jag kan verkligen inte nu! En annan gång kanske.
FRÖKEN En annan gång är en skälm. Är det så farligt nu?
JEAN Farligt är det inte, men det tar emot! - Se på den då! - *antyder Kristin som har somnat i en stol vid spisen*
FRÖKEN Det blir en trevlig fru, det där! Kanske hon snarkar också?
JEAN Det gör hon inte, men hon talar i sömnen.
FRÖKEN *cyniskt* Hur vet ni att hon talar i sömnen?
JEAN *fräckt* Jag har hört det! *paus; varunder de betrakta varandra*

FRÖKEN Varför sätter ni er inte ner?

JEAN Det kan jag inte tillåta mig i er närvaro!

FRÖKEN Men om jag befaller det?

JEAN Då lyder jag!

FRÖKEN Sitt ner då! - Men vänta! Kan ni ge mig något att dricka först?

JEAN Jag vet inte vad vi kan ha här i islåren. Jag tror det bara är öl!

FRÖKEN Det är inte bara det; och jag har så enkel smak att jag föredrar det för vin.

JEAN *tar fram ur islåren en ölbutelj som han drar opp; söker i skåpet ett glas och en tallrik, samt serverar* Var så artig!

FRÖKEN Tack! Vill ni inte dricka själv?

JEAN Jag är just ingen ölvän; men om fröken befaller!

FRÖKEN Befaller? - Jag tycker att som artig kavaljer kan ni hålla er dam sällskap!

JEAN Det är mycket riktigt anmärkt! *slår opp en butelj till, tar ett glas*

FRÖKEN Drick min skål nu!

JEAN *tvekande*

FRÖKEN Jag tror att gamla karlen är blyg!

JEAN *på knä, skämtsamt parodiskt; höjande sitt glas* Min härskarinnas skål!

FRÖKEN Bravo! - Nu skall ni kyssa min sko, också, så är det riktigt träffat!

JEAN *tvekande, men därpå djärvt fattande hennes fot som han kysser lätt*

FRÖKEN Utmärkt! Ni skulle ha blivit aktör!

JEAN *stiger upp* Detta går inte an längre! fröken; någon skulle kunna komma och se oss!

FRÖKEN Vad skulle det göra?

JEAN Att folket pratade! helt enkelt! Och om fröken visste hur deras tungor gick däruppe nyss, så ...

FRÖKEN Vad sade de för slag då? Tala om för mig! . Sitt ner nu!

JEAN *sätter sig* Jag vill inte såra er, men de begagnade uttryck, som kastade misstankar av den art, att ... ja det kan ni fatta själv! Ni är ju intet barn, och när man ser en dam ensam drickande med en man -låt vara en domestik - om natten - så ...

FRÖKEN Så vad? Och för övrigt äro vi icke ensamma. Kristin är ju här!

JEAN Sovande!

FRÖKEN Då skall jag väcka henne! - *reser sig* - Kristin! Sover du?

KRISTIN *i sömnen* Bla - bla - bla - bla.

FRÖKEN Kristin! - Den kan sova!

KRISTIN *i sömnen* Grevens stövlar är borstade - sätta på kaffet - straxt, straxt, straxt - hå hå - pah!

FRÖKEN *tar henne i näsan* Vill du vakna opp!

JEAN *strängt* Inte störa den som sover!

FRÖKEN *skarpt* Va!

JEAN Den som har stått vid spisen hela dan kan vara trött när natten kommer! Och sömnen skall man respektera ...

FRÖKEN *turnerar* Det är vackert tänkt, och det hedrar honom - tack för det! - *räcker Jean handen* - Kom nu ut och plocka lite syrener åt mig!

JEAN Med fröken?

FRÖKEN ..Med mig!

JEAN Det går inte an! Absolut inte!

FRÖKEN Jag kan inte fatta era tankar! Skulle det vara möjligt att ni inbillade er något?

JEAN Nej inte jag, men folket!

FRÖKEN Vad? Att jag vore verliebt i betjänten?

JEAN Jag är ingen inbilsk man, men man har sett exempel - och för folket är intet heligt!

FRÖKEN Han är aristokrat tror jag!

JEAN Ja, det är jag!

FRÖKEN Jag stiger ner ...

JEAN Stig inte ner fröken, hör mitt råd! Det är ingen som tror att ni godvilligt stiger ner, folket kommer alltid att säga att ni faller ner!

FRÖKEN Jag har högre tankar om folket än ni! Kom och pröva! - Kom! *hon ruvar honom med ögonen*

JEAN Vet ni att ni är underlig!

FRÖKEN Kanske! Men det är ni också! - Allting är underligt för övrigt! Livet, mänskorna, allt är en sörja som drivs, drivs fram på vattnet, tills det sjunker, sjunker! Jag har en dröm som återkommer då och då: och som jag erinrar mig nu - Jag sitter oppklättrad på en pelare och ser ingen möjlighet att komma ner; jag svindlar när jag ser ner, och ner måste jag, men jag har inte mod att kasta mig ner; jag kan inte hålla mig fast och jag längtar att få falla; men jag faller inte;

12

och ändå får jag ingen ro förr än jag kommer ner! ingen vila förr än jag kommer ner, ner på marken, och komme jag ner på marken ville jag ner i jorden ... Har ni känt något sådant?

JEAN Nej! Jag brukar drömma att jag ligger under ett högt träd i en mörk skog. Jag vill opp, opp i toppen och se mig omkring över det ljusa landskapet där solen skiner, plundra fågelbot däroppe där guldäggen ligga. Och jag klättrar och klättrar men stammen är så tjock, och så slät, och det är så långt till första grenen. Men jag vet att nådde jag bara första grenen skulle jag gå i toppen som på en stege. Ännu har jag inte nått den, men jag skall nå den, om det bara så skall bli i drömmen!

FRÖKEN Här står jag och pratar om drömmar med er. Kom nu! Bara ut i parken! *hon bjuder honom armen, och de gå*

JEAN Vi ska sova på nio midsommarsblomster i natt, så bli vi sanndrömmade, fröken! *Fröken och Jean vända i dörren. Jean håller handen för ena ögat.*

FRÖKEN Får jag se vad ni fått i ögat!

JEAN Åh det är ingenting - bara ett smolk - och det går straxt över.

FRÖKEN Det var min klänningsarm som skrubbade er; sitt ner nu så skall jag hjälpa er! *tar honom i armen och sätter honom; fattar hans huvud och lutar det bakåt; med snibben av näsduken söker hon få ut smolket* Sitt still nu; alldeles still! - *slår honom över handen* - Så! vill han lyda! - Jag tror han darrar stora, starka karlen! - *känner på hans överarm* - Med sådana armar!

JEAN *varnande* Fröken Julie! *Kristin har vaknat, går sömndrucken till höger att lägga sig*

FRÖKEN Ja, monsieur Jean.

JEAN Attention! Je ne suis qu'un homme!

FRÖKEN Vill han sitta stilla! Så där! Nu är det borta! Kyss min hand, och tacka mig!

JEAN *stiger upp* Fröken Julie! Hör på mig! - Nu har Kristin gått och lagt sig! - Vill ni höra på mig!

FRÖKEN Kyss min hand först!

JEAN Hör på mig!

FRÖKEN Kyss min hand först!

JEAN Ja, men skyll er själv!

FRÖKEN För vad?

JEAN För vad? Är ni ett barn vid tjugofem år? Vet ni inte att det är farligt leka med elden?

FRÖKEN Inte för mig; jag är assurerad!

JEAN *djärvt* Nej, det är ni inte! Och om ni är det, så finns det eldfarlig inrättning i grannskapet!

FRÖKEN Det skulle vara ni?

JEAN Ja! Inte därför att det är jag, utan därför att jag är en ung man

FRÖKEN Med fördelaktigt utseende - vilken otrolig inbilskhet! En Don Juan kanske! Eller en Josef! Jag tror min själ att han är en Josef!

FRÖKEN Tror ni?

FRÖKEN Jag fruktar nästan!

JEAN *djärvt fram och vill ta henne om livet för att kyssa henne*

FRÖKEN *slår honom en örfil* Hut!

JEAN Är det allvar eller skämt?

FRÖKEN Allvar!

JEAN Då var det också allvar nyss! Ni leker alldeles för allvarsamt och det är det farliga! Nu är jag trött på leken, och ber om ursäkt att jag återgår till mitt arbete! Greven skall ha sina stövlar i tid och midnatten är längesen förbi!

FRÖKEN Ställ bort stövlarna!

JEAN Nej! Det är min tjänst, som jag är skyldig göra, men jag har aldrig åtagit mig att vara er lekkamrat, och jag kan aldrig bli, ty jag håller mig för god till det.

FRÖKEN Ni är stolt!

JEAN I vissa fall; i andra inte!

FRÖKEN Har ni älskat någonsin?

JEAN Vi begagna inte det ordet, men jag har hållit av många flickor, och en gång har jag varit sjuk av att jag icke kunde få den jag ville ha; sjuk, ser ni, som prinsarna i Tusen och en Natt! som inte kunde äta eller dricka av bara kärlek!

FRÖKEN Vem var det?

JEAN *tiger*

FRÖKEN Vem var det?

JEAN Det kan ni inte tvinga mig att säga!

FRÖKEN Om jag ber er som en jämlike, ber en - vän! Vem var det?

JEAN Det var ni!

FRÖKEN *sätter sig* Så kostligt!

JEAN Ja, om ni så vill! Det var löjligt! - Ser ni, det var den historien jag inte ville berätta nyss, men nu ska jag förtälja den!

Vet ni hur världen ser ut därnerifrån - det vet ni inte! Som hökar och falkar, dem man sällan får se på ryggen för att de mest sväva däroppe! Jag levde i statstugan med sju syskon, och en gris ute på gråa åkern, där det inte växte ett träd! Men ifrån fönstren såg jag grevens parkmur med äppelträden ovanför. Det var paradisets lustgård; och där stodo många onda änglar med brinnande svärd och bevakade den. Men icke desto mindre hittade jag och andra pojkar vägen till livsens träd - nu föraktar ni mig -

FRÖKEN Ah! Stjäla äpplen gör ju alla pojkar!

JEAN Det kan ni säga nu, men ni föraktar mig i alla fall! Likagott! En gång kom jag in i lustgården med min mor för att rensa löksängarne. Bredvid trädgårdslanden stod en turkisk paviljong i skuggan av jasminer och överväxt med kaprifolium. Jag visste inte vad den kunde brukas till, men jag hade aldrig sett en så vacker byggnad. Folk gick där in och kom ut igen, och en dag stod dörren lämnad öppen. Jag smög dit och såg väggarne klädda med tavlor av kungar och kejsare, och det var röda gardiner för fönstren med fransar på - nu förstår ni vad jag menar. Jag - - - *bryter en syrenblomma och håller under näsan på fröken-* - jag hade aldrig varit inne i slottet, aldrig sett annat än kyrkan - men det här var vackrare; och hur mina tankar lupo, så gingo de alltid tillbaka - dit. Och så småningom uppstod en längtan att en gång få erfara hela behaget av - *enfin,* jag smög därin, såg och beundrade. Men då kommer det någon! Det fanns bara en utgång för herrskapsfolk, men för mig fanns det en till, och jag hade inte annat än att välja den!

FRÖKEN *som tagit syrenen, låter den falla på bordet.*

JEAN Därpå satte jag till att springa, störtade igenom en hallonhäck, rusade över ett jordgubbsland, och kom opp på rosenterrassen. Där fick jag se en skär klänning och ett par vita strumpor - det var ni. Jag lade mig ner under en ogräshög, under, kan ni tänka er, under tistlar som stuckos, och våt jord som luktade illa; och jag såg på er när ni gick i rosorna, och jag tänkte: om det är sant att en rövare kan komma in i himmeln och bli med änglarne, så är det underligt att inte ett statbarn här på Guds jord kan komma in i slottsparken och leka med grevens dotter!

FRÖKEN *elegiskt* Tror ni att alla fattiga barn haft samma tankar som ni i detta fall?

JEAN *först tvekande, sedan övertygande* Om *alla* fattiga - ja -

naturligtvis! Naturligtvis!

FRÖKEN Det måtte vara en gränslös olycka att vara fattig!

JEAN *med djup smärta, starkt chargerat* Åh, fröken Julie! Åh! En hund kan få ligga i grevinnans soffa, en häst kan bli smekt på nosen av en frökenhand, men en dräng - *turnerar* - - jaja, det finns stoff hos en och annan, så att han svingar sig opp i världen, men hur ofta är det! - Emellertid, vet ni vad jag så gjorde! - Jag sprang ner i kvarnbäcken med kläderna på; blev uppdragen och fick stryk. Men nästa söndag, när far och alla i huset foro bort till mormors, så lagade jag så att jag blev hemma. Och så tvättade jag mig med såpa och varmt vatten, tog på mina bästa kläder och gick till kyrkan, där jag skulle få se er! Jag såg er och jag gick hem besluten att dö; men jag ville dö vackert och behagligt utan smärta. Och då erinrade jag mig att det var farligt sova under en fläderbuske. Vi hade en stor en som just stod i blom. Den skattade jag på allt vad den ägde, och så bäddade jag i havrelåren. Har ni märkt hur glatt havre är; mjuk för handen som en mänskohud - - - emellertid slog jag igen locket och blundade; somnade in- och väcktes verkligen mycket sjuk. Men jag dog inte som ni kan se.

Vad jag ville - det vet jag inte! Er fanns ju intet hopp att vinna - men ni var ett tecken på hur hopplöst det var att komma upp ur den krets där jag var född.

FRÖKEN Ni berättar charmant, vet ni. Har ni gått i skola?

JEAN Litet; men jag har läst mycket romaner och gått på teatrarna. Dessutom har jag hört fint folk tala, och där har jag lärt mest!

FRÖKEN Står ni och lyssnar på vad vi säger!

JEAN Ja visst! Och jag har hört mycket jag! när jag suttit på kuskbocken eller rott båten! En gång hörde jag fröken Julie och en väninna ...

FRÖKEN Åh! - Vad hörde ni då för slag?

JEAN Jaha, det vore inte så gott att säga; men nog blev jag lite förvånad, och inte förstod jag varifrån ni lärt alla ord. Kanske i botten det inte är så stor skillnad som man tror mellan mänskor och mänskor!

FRÖKEN Åh skäms! Inte lever vi som ni när vi äro fästfolk.

JEAN *fixerar henne* Är det säkert det? - Ja det är inte värt att fröken gör sig oskyldig ...

FRÖKEN Det var en usling, som jag skänkte min kärlek!

JEAN Det säger ni alltid - efteråt!

FRÖKEN Alltid?

JEAN Jag tror alltid, efter som jag har hört uttrycket flera gånger förut vid enahanda tillfälle.

FRÖKEN Vad för tillfälle?

JEAN Som ifrågavarande! Sista gången - - -

FRÖKEN *stiger upp* Tyst! Jag vill inte höra mer!

JEAN Det ville inte *hon* heller - det är märkvärdigt! Nå, då ber jag att få gå och lägga mig!

FRÖKEN *blitt* Gå och lägga sig på midsommarnatten!

JEAN Ja! Att dansa med packet däroppe roar mig verkligen inte!

FRÖKEN Tag nyckeln till båten och ro mig ut på sjön; jag vill se soluppgången!

JEAN Är det klokt?

FRÖKEN Det låter som om ni skulle vara rädd om ert rykte!

JEAN Varför inte? Jag vill ogärna bli löjlig, ogärna bli bortkörd utan betyg när jag skall etablera mig, och jag tycker jag har en viss skyldighet mot Kristin.

FRÖKEN Jaså det är Kristin nu - - -

JEAN Ja, men det är även ni - Lyd mitt -råd, och gå opp och lägg er!

FRÖKEN Ska jag lyda er?

JEAN För en gång; för er egen skull! Jag ber er! Natten är framskriden, sömnen gör drucken, och huvut blir hett! Gå och lägg er! För övrigt - om jag inte hör orätt - kommer folket hitåt för att söka mig! Och finner man oss här, är ni förlorad!

kören nalkas sjungande

Det kommo två fruar från skogen,
tridiridi-ralla tridiridi-ra.
Den ena var våt om foten,
tridiridi-ralla-la.

De talte om hundra riksdaler,
tridiridi-ralla tridiridi-ra.
Men ägde knappast en daler,
tridiridi-ralla-la.

Och kransen jag dig skänker,
tridiridi-ralla tridiridi-ra.

En annan jag påtänker,
tridiridi-ralla-la.

FRÖKEN Jag känner folket och jag älskar det, liksom de hålla av mig! Låt dem komma, skall ni se!
JEAN Nej, fröken Julie, de älska er icke. De ta er mat, men de spotta efter den! Tro mig! Hör på dem, hör på dem bara vad de sjunger! - Nej, hör inte på dem!
FRÖKEN *lyss* Vad sjunger de?
JEAN Det är en nidvisa! Om er och om mig!
FRÖKEN Infamt! Åh, fy! Och så lömskt!
JEAN Packet är alltid fegt! Och i den striden kan man endast fly! - FRÖKEN Fly? Men vart? Ut kommer vi inte! Och till Kristin kan vi inte gå!
JEAN Så! In till mig då? Nöden har ingen lag; och på mig kan ni lita, ty jag är er verkliga, uppriktiga och vördnadsfulla vän!
FRÖKEN Men tänk! - tänk om man söker er där?
JEAN Jag riglar dörrn, och vill man bryta sig in, så skjuter jag! - Kom! - *på knä* - Kom!
FRÖKEN *betydelsefullt* Lovar ni mig - - -
JEAN Jag svär!
FRÖKEN *ut hastigt till höger*
JEAN *häftigt efter*

Balett
Bondfolket in högtidsklädda, med blommor i hattarna; en fiolspelare i spetsen; en ankare svagdricka och en kutting brännvin sirade med grönt läggas opp på bordet; glas tagas fram. Därpå drickes. Sedan tar man i ring och sjunger och dansar dansleken "Det kommo två fruar från skogen".
När detta är gjort gå de igen sjungande.

FRÖKEN *in ensam; ser förödelsen i köket; slår ihop händerna; därpå tar hon upp en pudervippa och pudrar sitt ansikte*
JEAN *in; exalterad* Där ser ni! Och ni har hört! Anser ni det möjligt att stanna här?
FRÖKEN Nej! Det anser jag inte! Men vad skola vi så göra!
JEAN Fly, resa, långt härifrån!

FRÖKEN Resa? Ja, men vart?

JEAN Till Schweiz, till Italienska sjöarna; där har ni aldrig varit?

FRÖKEN Nej! Är det vackert där?

JEAN Åh, en evig sommar, oranger, lagrar, åh!

FRÖKEN Men vad ska vi sedan göra där?

JEAN Där sätter jag opp ett hotell med första klassens varor och första klassens kunder.

FRÖKEN Hotell?

JEAN Det är ett liv skall ni tro; oupphörligt nya ansikten, nya språk; inte en minuts ledighet till grubbel eller nerver; intet letande efter sysselsättning, då arbetet ger sig själv; natt och dag klockan som ringer, tåget som blåser, omnibussen som kommer och går; under det guldstyckena rulla på byrån. Det är ett liv!

FRÖKEN Ja, det är att leva! Och jag?

JEAN Husets härskarinna; firmans prydnad. Med ert utseende, och ert sätt - åh - det är en given succès! Kolossal! Ni sitter som en drottning på kontoret och sätter slavarne i rörelse med att trycka på en elektrisk knapp; gästerna defilera inför er tron och lägga blyga sin skatt på ert bord - ni kan aldrig tro vad mänskorna darra när de få en räkning i sin hand - jag skall salta notorna och ni skall sockra på dem med ert vackraste leende - ack! låt oss resa härifrån - *tar upp en kommunikationstabell ur fickan*- genast, med nästa tåg! - vi äro i Malmö klockan sex och trettio; Hamburg åtta och fyrtio i morgon tidigt; Frankfurt - Basel en dag och i Como genom Gotthardbanan om, låt mig se, tre dar! Tre dar!

FRÖKEN Allt det där är bra! Men Jean - du skall ge mig mod - Säg att du älskar mig! Kom och omfamna mig!

JEAN *tvekande* Jag vill - men jag törs inte! Inte här i huset mer! Jag älskar er - kan ni tvivla på det?

FRÖKEN *blygt, sant kvinnligt* Ni! - Säg du! Mellan oss finns inga skrankor mer! -Säg du!

JEAN *plågad* Jag kan inte! - Det finns skrankor mellan oss ännu, så länge vi vistas i detta hus - det finns det förflutna, det finns greven - och jag har aldrig träffat någon person, som jag har sådan respekt för - jag behöver bara se hans handskar ligga på en stol, så känner jag mig liten - jag behöver bara höra klockan däroppe, så far jag ihop som en skygg häst - och när jag nu ser hans stövlar stå där så raka och kavata, så drar det i ryggen på mig! - *sparkar till stövlarna -*

Vidskepelse, fördomar, som man har lärt oss från barndomen - men som man kan glömma lika lätt. Kom till ett annat land bara där det är republik, och man står på näsan för min portiers livré - på näsan *ska* man stå, se; men *jag* ska det inte! Jag är inte född till att stå på näsan, för det finns stoff i mig, det finns karaktär, och bara jag får fatt i första grenen ska ni se mig klättra!

Jag är betjänt i dag, men nästa år är jag proprietär, om tio år är jag rentier, och sedan reser jag till Rumänien, låter dekorera mig, och kan - märk väl jag säger *kan* - sluta som greve!

FRÖKEN Vackert, vackert!

JEAN Ah, i Rumänien köper man sig grevetiteln, och så blir ni grevinna likafullt! Min grevinna!

FRÖKEN Vad bryr jag mig om allt det där, som jag nu kastar bakom mig! - Säg att du älskar mig, eljes - ja vad är jag eljes?

JEAN Jag skall säga det, tusen gånger - sedan - bara icke här! Och framför allt, inga känslor, om icke allt skall vara förlorat Vi måste ta saken kallt! som kloka mänskor! *tar opp en cigarr, snoppar och tänder den* Sitt nu ner där! så sätter jag mig här och så språka vi, som om ingenting skulle ha inträffat!

FRÖKEN *förtvivlad* O min Gud! Har ni då inga känslor!

JEAN Jag! Det finns ingen människa så känslofull som jag; men jag kan lägga band på mig.

FRÖKEN Nyss kunde ni kyssa min sko - och nu!

JEAN *hårt* Ja det var då! Nu ha vi annat att tänka på!

FRÖKEN Tala inte hårt till mig!

JEAN Nej, men klokt! En dårskap är begången, begå inte fler! Greven kan vara här när som helst och innan dess måste våra öden vara avgjorda. Vad synes er om mina planer för framtiden? Gillar ni dem?

FRÖKEN De synas mig rätt antagliga, men blott en fråga: till ett så stort företag fordras stort kapital; har ni det?

JEAN *tuggar cigarren* Jag! Helt visst! Jag har mina fackkunskaper, min oerhörda erfarenhet, min språkkännedom! Det är kapital som duger vill jag tro!

FRÖKEN Men för det kan ni inte ens köpa en järnvägsbiljett.

JEAN Det är visserligen sant; men det är därför jag söker en förlagsman, som kan försträcka fonderna!

FRÖKEN Var finner ni den i hast?

JEAN Den skall ni finna, om ni vill bli min kompanjon!

FRÖKEN Det kan jag inte, och jag äger intet själv.

paus

JEAN Då förfaller hela saken - - -

FRÖKEN Och - - -

JEAN Det blir som det är!

FRÖKEN Tror ni att jag stannar under detta tak som er frilla? Tror ni att jag vill låta folket peka finger åt mig; tänker ni att jag kan se min far i ansiktet efter detta? Nej! För mig bort härifrån: från förnedringen och vanäran! - O, vad har jag gjort, min Gud, min Gud! -*gråter*

JEAN Se så, börjar det nu på den låten! - Vad ni har gjort? Detsamma som mången före er!

FRÖKEN *skriker i krampanfall* Och nu föraktar ni mig! - Jag faller, jag faller!

JEAN Fall ner till mig, så skall jag lyfta er sedan!

FRÖKEN Vilken förfärlig makt drog mig till er? Den svages till den starke? Den fallandes till den stigandes! Eller var det kärlek? Kärlek, detta? Vet ni vad kärlek är?

JEAN Jag? Jo, det vill jag lova; tror ni inte jag varit med förr?

FRÖKEN Vilket språk ni talar, och vilka tankar ni tänker!

JEAN Så har jag lärt, och sådan är jag! Var nu inte nervös och spela inte fin, för nu äro vi lika goda kålsupare! - Se så min flicka lilla, kom så ska jag bjuda dig på ett glas extra! *öppnar bordslådan och tar fram vinbuteljen; fyller två begagnade glas*

FRÖKEN Var har ni fått det där vinet ifrån?

JEAN Från källarn!

FRÖKEN Min fars bourgogne!

JEAN Duger inte det åt mågen?

FRÖKEN Och jag dricker öl! Jag!

JEAN Det visar bara att ni har sämre smak än jag!

FRÖKEN Tjuv!

JEAN Tänker ni skvallra?

FRÖKEN Åh, åh! Medbrottsling till en hustjuv! Har jag varit rusig, har jag gått i drömmen denna natt! Midsommarnatten! De oskyldiga lekarnes fest ...

JEAN Oskyldiga, hm!

FRÖKEN *går fram och åter* Finns det någon människa på jorden i denna stund som är så olycklig som jag!

JEAN Varför är ni det? Efter en sådan erövring! Tänk på Kristin därinne! Tror ni inte att hon också har känslor!

FRÖKEN Jag trodde det nyss, men jag tror det inte mer! Nej, dräng är dräng ...

JEAN Och hora är hora!

FRÖKEN *på knä med knäppta händer* O Gud i himmelen, gör slut på mitt eländiga liv! Tag mig bort från denna smuts som jag sjunker i! Rädda mig! Rädda mig!

JEAN Jag kan inte neka att det gör mig ont om er! När jag låg i löksängen och såg er i rosengården, så - - - jag ska säga det nu - - - hade jag samma fula tankar som alla pojkar.

FRÖKEN Och ni som ville dö för mig!

JEAN I havrelårn! Det var bara prat!

FRÖKEN Lögn således!

JEAN *börjar bli sömnig* Närapå! Historien har jag visst läst i en tidning om en sotare som lade sig i en vedlår med syrener, därför att han blev stämd för barnuppfostringshjälp - - -

FRÖKEN Jaså, ni är sådan ...

JEAN Vad skulle jag hitta på; det ska ju alltid vara på grannlåter man fångar fruntimmer!

FRÖKEN Usling!

JEAN Merde!

FRÖKEN Och nu har ni sett höken på ryggen - - -

JEAN Inte precis på *ryggen* - - -

FRÖKEN Och jag skulle bli första grenen - - -

JEAN Men grenen var rutten - - -

FRÖKEN Jag skulle bli skylten på hotellet - - -

JEAN Och jag hotellet - - -

FRÖKEN Sitta innanför er disk, locka era kunder, förfalska era räkningar - - -

JEAN Det skulle jag själv - - -

FRÖKEN Att en människosjäl kan vara så djupt smutsig!

JEAN Tvätta'n då!

FRÖKEN Lakej, domestik, stig upp när jag talar!

JEAN Lakej-frilla, domestik-pyscha, håll mun och gå ut härifrån. Skall du komma och förehålla mig att jag är rå? Så rått som du uppfört dig i afton har aldrig någon av mina vederlikar uppfört sig.

Tror du att någon piga antastar manfolk som du; har du sett någon flicka av min klass bjuda ut sig på det sättet? Sådant har jag bara sett bland djur och fallna kvinnor!

FRÖKEN *krossad* Det är rätt; slå mig; trampa mig; jag har icke förtjänat bättre! Jag är en usling; men hjälp mig! Hjälp mig ut ur detta om det finns någon möjlighet.

JEAN *blidare* Jag vill inte skämma ut mig med att avstå min andel i hedern att ha förfört; men tror ni att en person i min ställning skulle ha vågat kasta ögonen upp till er om ni ej själv utfärdade inbjudningen. Jag sitter ännu själv förvånad - - -

FRÖKEN Och stolt - - -

JEAN Varför inte! Ehuru jag må bekänna att segern var mig för lätt för att egentligen kunna ge något rus.

FRÖKEN Slå mig mera!

JEAN *reser sig* Nej! Förlåt mig i stället för vad jag sagt! Jag slår icke en avväpnad och allra minst ett fruntimmer. Jag kan inte neka till att det å ena sidan gläder mig att ha fått se att det bara var kattgull som bländat oss därnere, att ha fått se att höken bara var grå på ryggen också, att det var puder på den fina kinden, och att det kunde vara svarta kanter på de slipade naglarne, att näsduken var smutsig fastän den luktade parfym; men det pinar mig å andra sidan, att ha sett att det jag själv strävade till, icke var något högre, solidare; det pinar mig att se er sjunken så djupt, att ni är långt under er kokerska; det pinar mig som att se höstblommorna piskas sönder av regnet och förvandlas i smuts.

FRÖKEN Ni talar som ni redan stode över mig!

JEAN Det gör jag också: Ser ni, jag skulle kunna förvandla er till grevinna, men ni kan aldrig göra mig till greve.

FRÖKEN Men jag är född av en greve; och det kan aldrig ni bli!

JEAN Det är sant: men jag skulle kunna föda grevar - om - - -

FRÖKEN Men ni är en tjuv; det är inte jag.

JEAN Tjuv är icke det värsta! Det finns sämre kvalifikationer! Och för övrigt: när jag tjänar i ett hus, anser jag mig på visst sätt som medlem av familjen, som barn i huset, och man räknar icke det för stöld att barnen snatta ett bär av fulla buskar! - *hans passion vaknar upp igen* - Fröken Julie, ni är en härlig kvinna, alldeles för god åt en sådan som mig! Ni har varit rov för en berusning, och ni vill dölja felet genom att inbilla er att ni älskar mig! Det gör ni inte, om inte

möjligen mitt yttre lockar er - och då är er kärlek inte bättre än min.
- Men jag kan aldrig nöja mig med att vara blotta djuret åt er, och er
kärlek kan jag aldrig väcka.

FRÖKEN Är ni säker på det?

JEAN Ni vill säga att det kan gå för sig! - Att jag skulle kunna älska
er, ja, utan tvivel: ni är skön, ni är fin - *nalkas henne och fattar hennes
hand* - bildad, älskvärd när ni vill, och den mans låga ni har väckt
slocknar troligen aldrig. - *lägger armen om hennes liv* - Ni är som
glödgat vin med starka kryddor, och en kyss av er - - - - *han söker föra
henne ut; men hon sliter sig sakta lös*

FRÖKEN Lämna mig! - Inte på det sättet vinner ni mig!

JEAN *Hur* då? . Inte på det sättet! Inte smekningar och vackra ord;
inte omtanke om framtiden, räddning ur förnedring! *Hur* då?

FRÖKEN Hur? Hur? Jag vet inte! - Inte alls! - Jag avskyr er som jag
avskyr råttor, men jag kan inte fly er!

JEAN Fly med mig!

FRÖKEN *rätar på sig* Fly? Ja vi ska fly! - Men jag är så trött! Ge mig
ett glas vin! *Jean slår i vin*

FRÖKEN *ser på sitt ur* Men vi ska tala först, vi ha ännu lite tid på
oss. - *dricker ett glas; räcker fram glaset efter mer*

JEAN Drick inte så omåttligt, ni blir rusig!

FRÖKEN Vad skulle det göra?

JEAN Vad det skulle göra? Det är simpelt att berusa sig! - Vad ville ni
säga mig nu?

FRÖKEN Vi ska fly! Men vi ska tala först, det vill säga jag skall tala,
för det är bara ni som talat hittills. Ni har berättat ert liv, nu vill jag
berätta mitt, så känna vi varandra i botten innan vi börja vandringen
tillsammans.

JEAN Ett ögonblick! Förlåt! Tänk efter, om ni inte ångrar er efteråt,
då ni givit ert livs hemligheter till pris!

FRÖKEN Är ni inte min vän?

JEAN Jo ibland! Men lita inte på mig.

FRÖKEN Ni säger så bara; - och för övrigt: mina hemligheter
känner eljes var man. - Ser ni, min mor var av ofrälse härkomst,
något mycket enkelt. Hon var uppfostrad i sin tids läror om
jämlikhet, kvinnans frihet och allt det där; och hon hade en avgjord
ovilja för äktenskapet. När därför min far friade till henne, svarade
hon att hon aldrig ville bli hans hustru, men att han kunde bli

hennes älskare. Han föreställde henne, att han ej hade lust se den kvinna han älskade, åtnjuta mindre aktning än han själv. På hennes förklaring att världens aktning icke kom henne vid, och under inflytande av sin passion, antog han villkoren.

Men nu var han utestängd från sitt umgänge och hänvisades på sitt husliga liv, som dock icke kunde tillfredsställa honom. Jag kom till världen - mot min mors önskan efter vad jag kunnat förstå. Nu skulle jag av min mor uppfostras till ett naturbarn och till på köpet få lära allt som en gosse får lära, att jag skulle bli ett exempel på huru kvinnan var lika god som mannen. Jag fick gå i gosskläder, lära mig sköta hästar men icke gå i lagårn; jag måste rykta och sela på, lära jordbruk och gå på jakt, till och med slakta - det var otäckt! Och på gården sattes männen till kvinnosysslor, och kvinnor till manssysslor - med den påföljd, att egendomen höll på att gå under, och vi blevo till löje på trakten. Slutligen måtte min far ha vaknat ur förtrollningen och han gjorde revolt, så att allt ändrades efter hans önskan. Därpå vigdes föräldrarna i tysthet. Min mor föll sjuk - i vilken sjukdom vet jag inte - men hon hade ofta kramp, gömde sig på vinden och i trädgården, och kunde bli ute hela natten. Så inträffade den stora eldsvådan som ni hört omtalas. Huset, stallet och ladugården brunno av, och det under särdeles egna omständigheter som läto misstänka mordbrand, ty olyckan inträffade dagen efter assuranskvartalets utgång, och premierna som insänts av min far blevo genom budets slarv fördröjda, så att de ej hunno fram i rättan tid. *hon fyller glaset och dricker*

JEAN Drick inte mer!

FRÖKEN Åh vad gör det! - Vi stodo på bar backe och måste sova i vagnarna. Min far visste icke var han skulle få pengar till husens uppbyggande, ty sina gamla vänner hade han måst försumma, så att de glömt honom. Då inger mor honom det rådet att söka låna av en ungdomsvän till henne, en tegelfabrikant här i närheten. Far lånar, men får icke betala någon ränta, vilket förvånade honom. Och så blev gården uppbyggd! - *dricker igen*

Vet ni vem som bränt av gården?

JEAN Er fru mor!

FRÖKEN Vet ni vem tegelfabrikanten var?

JEAN Er mors älskare?

FRÖKEN Vet ni vems pengarne voro?

JEAN Tyst lite - nej det vet jag inte?

FRÖKEN Det var min mors!

JEAN Grevens alltså, om där icke var paktum?

FRÖKEN Det fanns intet paktum! - Min mor hade en liten förmögenhet, som hon icke ville ha under min fars förvaltning och därför sätter hon in dem hos - vännen.

JEAN Som knep dem!

FRÖKEN Alldeles riktigt! Han behöll dem! - Detta allt kommer till min fars kännedom; han kan inte göra process, inte betala sin hustrus älskare, inte bevisa att det är hustruns pengar! Den gången höll han på att skjuta sig! - det gick rykten att han gjort det och misslyckats! Men han lever opp, och min mor får umgälla sina handlingar! Det var fem år för mig, må ni tro! Jag älskade min far, men jag tog parti för min mor, emedan jag icke kände omständigheterna. Av henne hade jag lärt hat mot mannen - ty hon hatade manfolk efter vad ni hört - och jag svor henne, att aldrig bli en mans slavinna.

JEAN Och så förlovade ni er med kronofogden!

FRÖKEN Just därför, att han skulle bli min slav!

JEAN Och det ville han inte?

FRÖKEN Han ville nog, men han fick inte! Jag ledsnade på honom!

JEAN Jag såg det - på stallgårn?

FRÖKEN Vad såg ni?

JEAN Det jag såg - Hur han slog opp förlovningen!

FRÖKEN Det är lögn! Det var jag som slog upp! Har han sagt att det var han den uslingen?

JEAN Det var troligen ingen usling! Ni hatar manfolk, fröken?

FRÖKEN Ja! - För det mesta! Men ibland - när svagheten kommer - åh fy!

JEAN Ni hatar mig också?

FRÖKEN Gränslöst! Jag skulle vilja låta döda er som ett djur...

JEAN "Den brottslige dömes till två års straffarbete och djuret dödas!" Inte så?

FRÖKEN Just så!

JEAN Men nu finns ingen åklagare - och inte något djur! Vad ska vi då göra?

FRÖKEN Resa!

JEAN För att pina ihjäl varandra?

FRÖKEN Nej! För att njuta, två dar, åtta dar, så länge man kan njuta och så - dö.

JEAN Dö? Så dumt! Då tycker jag det är bättre att göra hotell!

FRÖKEN *utan att höra Jean* - vid Comosjön, där solen alltid skiner, där lagerträden grönska om julen och orangerna glöda -

JEAN Comosjön är en regnhåla, och jag såg inga oranger där annat än i kryddbodarna; men det är en god främlingsort, för det finns mycket villor som uthyras åt älskande par, och det är en mycket tacksam industri - vet ni varför? - Jo de göra hyreskontraktet på halvår - och så resa de efter tre veckor!

FRÖKEN *naivt* Varför efter tre veckor?

JEAN De bli osams förstås; men hyran ska betalas likafullt! Och så hyr man ut igen! Och så går det undan för undan! För kärleken räcker till - fastän den inte varar så länge!

FRÖKEN Ni vill inte dö med mig?

JEAN Jag vill inte dö alls! Emedan jag både tycker om att leva, och därför att jag anser självmord vara ett brott emot försynen som har gett oss livet.

FRÖKEN Ni tror på Gud, *ni*?

JEAN Ja visst gör jag det! Och jag går i körkan varannan söndag! - Upriktigt talat, nu är jag trött på det här, och nu går jag och lägger mig!

FRÖKEN Jaså, och ni tror att jag låter mig nöja med det? Vet ni vad en man är skyldig en kvinna som han skämt?

JEAN *tar upp portemonnän och kastar ett silvermynt på bordet* Var så god! Jag vill inte vara skyldig något!

FRÖKEN *utan att låtsas märka skymfen* Vet ni vad lagen stadgar ...

JEAN Tyvärr stadgar inte lagen något straff för kvinna som förför man!

FRÖKEN Ser ni någon annan utväg än att vi resa, viga oss och skiljas?

JEAN Om jag vägrar att ingå mesalliansen?

FRÖKEN Mesalliansen...

JEAN Ja, min! Ser ni: jag har finare anor än ni! för jag har ingen mordbrännerska i min släkt!

FRÖKEN Kan ni veta det?

JEAN Ni kan inte veta motsatsen, för vi hålla inga stamtavlor - annat än i polisen! Men er stamtavla har jag läst i adelskalendern. Vet ni vem er stamfar var? Det var en mjölnare, hos vars hustru kungen fick sova en natt under danska kriget. Såna anor har inte jag! Jag har inte alls några anor, men jag kan bli en ana själv!

FRÖKEN Det har jag för att jag öppnat mitt hjärta för en ovärdig, för att jag givit min familjs ära...

JEAN Vanära! - Ja ser ni, jag sa det! Man ska inte dricka, för då pratar man! Och man *ska* inte prata!

FRÖKEN O, vad jag ångrar mig! Vad jag ångrar mig! - Och om ni åtminstone älskade mig!

JEAN För sista gången - vad menar ni? Ska jag gråta, ska jag hoppa över ridspö, ska jag kyssa er, narra er till Comosjön på tre veckor, och så ... vad ska jag; vad vill ni? Detta börjar bli pinsamt! Men så är det att gå och sticka näsan i fruntimmersaffärer! Fröken Julie! Jag ser att ni är olycklig, jag vet att ni lider, men jag kan icke förstå er. Inte ha vi såna där choser för oss; inte ha vi något hat emellan oss! Vi älska som lek, när arbetet ger oss tid; men vi ha inte tid hela dan och hela natten som ni! Jag anser er vara sjuk, och er mor var bestämt rubbad; vi ha ju hela socknar som är rubbade av läseri, och det där är ett slags läseri som grasserar nu!

FRÖKEN Ni skall vara god emot mig, och nu talar ni som en människa.

JEAN Ja, men var människa själv! Ni spottar på mig, och ni tillåter inte att jag torkar av mig - på er!

FRÖKEN Hjälp mig, hjälp mig; säg bara vad jag skall göra? Vart jag ska ta vägen?

JEAN I Jesu namn, om jag visste det själv!

FRÖKEN Jag har varit rasande, jag har varit galen, men kan det då inte finnas någon räddning!

JEAN Stanna och var lugn! Ingen vet något.

FRÖKEN Omöjligt! Folket vet det och Kristin vet det!

JEAN Det veta de icke och de kunna aldrig tro något dylikt!

FRÖKEN *dröjande* Men - det kan ske en gång till!

JEAN Det är sant!

FRÖKEN Och följderna?

JEAN *skrämd* Följderna! - Var har jag haft mitt huvud att jag inte tänkt på det? - Ja då finns bara ett - härifrån! Genast! - Jag följer er ej, ty då är allt förlorat, utan ni måste resa ensam - ut - vart som helst!

FRÖKEN Ensam? Vart? - Det kan jag inte!

JEAN Ni måste! Och det innan greven är tillbaka! Stannar ni, så vet vi hur det kommer att gå! Har man en gång felat, så vill man fortsätta, efter som skadan ändå redan är skedd - så blir man djärvare och djärvare - och till sist står man där uppdagad! Alltså, res! Skriv sedan till greven och bekänn allt, utom att det var jag! Och det kan han aldrig gissa! lika litet som jag tror han är angelägen få veta det!

FRÖKEN Jag skall resa, om ni följer med!

JEAN Är ni rasande människa? Fröken Julie skulle rymma med sin betjänt! Det stod i tidningarna i övermorgon och det överlevde aldrig greven!

FRÖKEN Jag kan inte resa! Jag kan inte stanna! Hjälp mig! Jag är så trött, så gränslöst trött! Befall mig! Sätt mig i rörelse, för jag kan inte tänka mer, inte handla mer!

JEAN Ser ni där nu sådant kräk ni är! Varför borstar ni opp er och sätter näsan i vädret som om ni skulle vara skapelsens herrar! Nå; jag skall befalla er! Gå opp och kläd er; förse er med respengar och kom så ner!

FRÖKEN *halvhögt* Följ med opp!

JEAN På ert rum? - Nu är ni galen igen! - *tvekar ett ögonblick* - Nej! Gå! Genast! - *tar hennes hand och leder henne ut*

FRÖKEN *i det hon går* Tala då vänligt till mig, Jean!

JEAN En befallning låter alltid ovänlig; känn på! känn på!

JEAN *ensam; drar en suck av lättnad; sätter sig vid bordet; tar fram annotationsbok och penna; räknar högt då och då; stumt minspel, tills Kristin kommer in körkklädd; med en nattkappa och en vit halsduk i handen*

KRISTIN Herre Jesus vad här ser ut! Vad har ni tagit er till för slag?

JEAN Ah, det är fröken som dragit in folket! Har du sovit så hårt, att du inte hört något?

KRISTIN Jag har sovit som en stock!

JEAN Och körkklädd redan?

KRISTIN Jaa! Han har ju lovat att följa med mig till skrift i dag!

JEAN Ja, det var ju så sant det! - Och där har du skruden! Så kom då! *sätter sig; Kristin börjar klä på honom nattkappan och vita halsduken paus*

JEAN *sömnigt* Vad är det för evangelium i dag?

KRISTIN Det är väl om Johannes Döparen halshugges, kan jag tänka!

JEAN Det blir nog fasligt långt det där! - Aj du stryper mig! - Åh jag är så sömnig, så sömnig!

KRISTIN Ja vad har han gjort oppe hela natten; han är ju alldeles grön i ansiktet?

JEAN Jag har suttit här och pratat med fröken Julie.

KRISTIN Den vet då inte vad som passar sig, den människan!

paus

JEAN Hör du Kristin, du!

KRISTIN Nåå?

JEAN Det är underligt i alla fall när man tänker efter! - Hon!

KRISTIN Vad är det som är så underligt?

JEAN Alltihop!

paus

KRISTIN *ser på glasen som stå halvtömda på bordet* Har ni druckit också tillsammans?

JEAN Ja!

KRISTIN Fy! - Se mig i ögonen!

JEAN Ja!

KRISTIN Är det möjligt? *Är* det möjligt?

JEAN *efter betänkande* Ja! Det är det!

KRISTIN Usch! Det hade jag ändå aldrig kunnat tro! Nej fy! Fy!

JEAN Du är väl inte svartsjuk på henne?

KRISTIN Nej inte på henne! Om det hade varit Klara eller Sofi; då hade jag rivit ut ögonen på dig! - Ja, det är så nu en gång; varför det vet jag inte! - Nej det var otäckt!

JEAN Är du ond på henne, då?

KRISTIN Nej, men på honom! Det var illa gjort, mycket illa! Stackars flicka! - Nej vet någon; jag vill inte vara här i huset längre; när man inte kan ha respekt för sitt husbondfolk.

JEAN Varför skall man ha respekt för dem?

KRISTIN Ja, säg det, han som är så knipslug! Men inte vill han tjäna åt folk som bär sig oanständigt åt? Va? Man skämmer ut sig själv med det, tycker jag.

JEAN Ja men det är ju en tröst för oss att de andra inte äro en bit bättre än vi!

KRISTIN Nej, det tycker jag inte; för äro inte de bättre, så är det ingenting att sträva efter att bli bättre folk. - Och tänk på greven! Tänk på honom som har haft så mycket sorg i sin dar! Herre Jesus! Nej jag vill inte vara här i huset mer! - Och med en sån där som han! Om det hade varit kronofogden; om det hade varit en bättre karl...

JEAN Vad för slag?

KRISTIN Jaja! Han är nog bra för sig, men det är skillnad på folk och fä i alla fall. - Nej jag kan aldrig förgäta detta med fröken! - Fröken som var så stolt, så frän mot manfolk, så man aldrig ville tro att hon skulle gå sta och ge sig; och åt en sådan! Hon som höll på att låta skjuta hyndan för att den sprang efter grindstugans mops! - Ja, jag säger det! - Men här vill jag inte vara längre, och till tjugufjärde oktober går jag min väg!

JEAN Och sedan?

KRISTIN Ja, efter vi kommit på tal om det, så vore på tiden att han såg sig om efter något, efter som vi ju ändå ska gifta oss.

JEAN Ja, vad skulle jag se mig om efter! En sån här plats kan jag inte få som gift.

KRISTIN Nej det förstår sig! Och han får väl ta en portvaktarsyssla eller söka sig in som vaktmästare i något verk. Kronans kaka är knapp, men den är säker och så får hustru och barn pension...

JEAN *grimas* Det är mycket bra det där, men inte är det i min genre! att så straxt börja tänka på att dö för hustru och barn. Jag får erkänna att jag verkligen hade lite högre vyer!

KRISTIN Hans vyer, ja! - Han har skyldigheter också! Tänk på dem, han!

JEAN Du ska inte reta mig med att tala om skyldigheter, jag vet nog vad jag har att göra ändå! - - *lyss utå*t - Det här ha vi emellertid god tid att fundera över - Gå nu in och gör dig i ordning så gå vi till körkan!

KRISTIN Vem är det som vandrar däroppe?

JEAN Jag vet inte jag, om inte det är Klara!

KRISTIN Det kan väl aldrig vara greven heller som kommit hem så ingen hört honom!

JEAN *rädd* Greven? Nej, det kan jag aldrig tro, för då skulle han nog ha ringt!

KRISTIN *går* Ja Gud hjälpe oss! Aldrig har jag varit med om slikt!

Solen har nu gått upp och lyser på parkens trätoppar; skenet flyttar sig småningom, tills det snett faller in genom fönsterna.

JEAN *går till dörren och ger ett tecken*

FRÖKEN *in resklädd med en liten fågelbur höljd av en handduk och vilken hon ställer på en stol* Nu är jag färdig!

JEAN Tyst! Kristin är vaken!

FRÖKEN *ytterligt nervöst det följande* Misstänkte hon någonting?

JEAN Hon vet ingenting alls! Men min Gud, så ni ser ut!

FRÖKEN Hur ser jag ut?

JEAN Ni är blek som ett lik och - förlåt, men ni är smutsig i ansiktet.

FRÖKEN Låt mig tvätta mig då! - *hon går till handfatet och tvättar ansikte och händer* - Så! Ge mig en handduk! - Åh - det är solen som går opp!

JEAN Och då spricker trollet!

FRÖKEN Ja det är trollen som varit ute i natt! Men Jean, hör på! Följ med, för nu har jag medel!

JEAN *tvekande* Tillräckligt?

FRÖKEN Tillräckligt att börja med! Följ mig, för jag kan inte resa ensam i dag. --Tänk, midsommardagen, på ett kvalmigt tåg inpackad bland massor av folk som ska gapa på en; stå stilla på stationerna när man ville flyga - nej, jag kan inte, jag kan inte! Och så komma minnena; barndomens minnen av midsommardagar med den lövade kyrkan - björklöv och syrener; middagen med det dukade bordet, släktingarna, vännerna; eftermiddagen i parken, dans, musik, blommor och lekar! Åh man flyr, flyr, men minnena följa på packvagnen, och ångern och samvetskvalen!

JEAN Jag ska följa er! Men nu genast innan det blir för sent! Nu på ögonblicket!

FRÖKEN Så! kläd på er då! - *tar fågelburen*

JEAN Men intet bagage! Då äro vi röjda!

FRÖKEN Nej, ingenting! Bara det man kan ha i kupén!

JEAN *har tagit sin hatt* Vad har ni där för slag? Vad är det!

FRÖKEN Det är bara min grönsiska! Den vill jag inte lämna!

JEAN Se så där ja! Ska vi nu ha fågelbur med! Ni är ju rasande! Släpp buren!

FRÖKEN Mitt enda jag tar med från hemmet; den enda levande varelse som håller av mig sedan Diana blev mig otrogen! Var inte grym! Låt mig få ta den med!

JEAN Släpp buren säger jag, - och tala inte så högt - Kristin hör oss!

FRÖKEN Nej, jag lämnar den inte i främmande händer! Döda den då hellre!

JEAN Ta hit kräket då, så ska jag nacka den!

FRÖKEN Ja, men inte göra den illa! Inte - - - nej, jag kan inte!

JEAN Tag hit; jag kan jag!

FRÖKEN *tar ut fågeln ur buren och kysser den* Åh, min lilla *Serine,* ska du dö ifrån din matmor nu?

JEAN Var så god och gör inga scener; det gäller ju ert liv, er välfärd! Så, fort! *rycker fågeln av henne; bär till huggkubben och tar köksyxan*

FRÖKEN *vänder sig bort*

JEAN Ni skulle ha lärt er slakta kycklingar i stället för att skjuta med revolver - - *hugger till* så skulle ni inte dånat för en blodsdroppe!

FRÖKEN *skriker* Döda mig också! Döda mig! Ni som kan slakta ett oskyldigt djur utan att darra på handen. O, jag hatar och avskyr er; det är blod emellan oss! Jag förbannar den stund jag såg er, jag förbannar den stund jag föddes i min moders liv!

JEAN Ja vad hjälper det att ni bannar! Gå!

FRÖKEN *närmar sig huggkubben liksom dragen dit mot sin vilja* Nej, jag vill inte gå ännu; jag kan inte - - - jag måste se - - - tyst! det kör en vagn därute - - *lyss utåt allt under det hon håller ögonen fästade på kubben och yxan* - Tror ni inte att jag kan se blod! Tror ni att jag är så svag - - - åh - jag skulle vilja se ditt blod, din hjärna på en träkubbe - jag skulle vilja se hela ditt kön simma i en sjö som den där - - - jag tror jag skulle kunna dricka ur din huvudskål, jag skulle vilja bada mina fötter i din bröstkorg och jag skulle kunna äta ditt hjärta helstekt! - Du tror att jag är svag; du tror att jag älskar dig, därför att min livsfrukt åtrådde ditt frö; du tror att jag vill bära din avföda under mitt hjärta och nära den med mitt blod - föda ditt barn och ta ditt namn - hör du, vad heter du? - jag har aldrig hört ditt tillnamn - du har väl inget kan jag tro. Jag skulle bli fru "grindstugan" - eller madam Bobacken - du hund som bär mitt halsband, du dräng som bär mitt bomärke i dina knappar - jag dela med min köksa, rivalisera med min piga - åh! åh! åh! - Du tror att jag är feg och vill fly! Nej, nu stannar jag - och så må åskan gå! Min far kommer hem -finner sin chiffonjé uppbruten - sina pengar borta - så ringer han - på den där klockan - två tag efter betjänten - och så skickar han efter länsman - och så talar jag om allt! Allt! Åh det skall bli skönt att få ett slut - bara det ville bli slut - och så får han slag och dör! - så bli vi slut allihop - och så blir det lugn - ro - evig vila - och så krossas vapnet mot likkistan - greveslåkten är slocknad och betjäntätten fortsätter på ett barnhus - vinner lagrarne i en rännsten och slutar i ett fängelse!

JEAN Nu är det kungablodet som talar! Bra, fröken Julie! Stoppa nu mjölnarn i säcken bara!

KRISTIN *in kyrkklädd med psalmbok i handen*

FRÖKEN *skyndar emot henne och faller i hennes armar liksom för att söka skydd* Hjälp mig Kristin! Hjälp mig mot denne man!

KRISTIN *orörlig och kall* Vad är det nu för spektakel på helgdagsmorgon! - *ser på huggkubben* - Och så ni svinat till här! Vad vill det här betyda? Och så ni skriker och väsnas!

FRÖKEN Kristin! Du är en kvinna och du är min vän! Akta dig för denna usling!

JEAN *snopen* Medan damerna resonera så går jag in och rakar mig! - *glider ut till höger*

FRÖKEN Du skall förstå mig; och du skall höra på mig!

KRISTIN Nej jag förstår mig verkligen inte på såna här slinkerier! Vart ska hon ta vägen så här resklädd - och han står med hatten på - va? - va? -

FRÖKEN Hör mig Kristin; hör på mig, så skall jag tala om allt - -

KRISTIN Jag vill inte veta någonting - - -

FRÖKEN Du måste höra mig - - -

KRISTIN Vad är det om? Är det om dumheterna med Jean! Ja si det bryr jag mig inte alls om! för det lägger jag mig inte i. Men tänker hon narra honom att schappa så ska vi sätta p för det!

FRÖKEN *ytterligt nervös* Försök nu att vara lugn Kristin och hör på mig! Jag kan inte stanna här och Jean kan inte stanna här - vi måste således resa...

KRISTIN Hm, hm!

FRÖKEN *ljusnar* Men ser du, nu fick jag en idé - om vi skulle resa alla tre - utomlands - till Schweiz och sätta opp ett hotell tillsammans - jag har pengar ser du - och Jean och jag skulle stå för det hela - och du, hade jag tänkt, skulle ta köket - blir det inte bra! - Säg ja nu! Och kom med oss, så är allting arrangerat! - Säg ja då! - *omfamnar Kristin och klappar henne*

KRISTIN *kall och eftertänksam* Hm, hm!

FRÖKEN *presto-tempo* Du har aldrig varit ute och rest, Kristin - du ska ut och se dig om i världen - du kan aldrig tro så roligt det är att resa på tåg - nya människor oupphörligt - nya länder - och så kommer vi till Hamburg och ser på Zoologiska trägårn i förbifarten - det tycker du om - och så gå vi i teatern och hör på operan - och när vi kommer till München så ha vi museerna - du - och där är Rubens och Rafael, de där stora målarne som du vet - du har ju hört talas om München där kung Ludvig bodde - kungen, vet jag - som blev

34

vansinnig - och så ska vi se hans slott - han har slott ännu som äro inredda alldeles som i sagorna - och därifrån är inte långt till Schweiz - med alperna du - tänk alperna med snö på mitt i sommarn - och där växer det apelsiner och lagrar som är gröna hela året om - - -

Jean syns i högra kulissen strykande sin rakkniv på en rem, som han håller med tänderna och vänstra handen; lyss förnöjd på samtalet och nickar bifall då och då.

FRÖKEN *prestissimo-tempo* - och där tar vi ett hotell - och jag sitter vid kassan medan Jean står och tar emot de resande - går ut och handlar - skriver brev - det blir ett liv må du tro - så blåser tågen, så kommer omnibussen, så ringer det i våningen, så ringer det i restaurangen - och så skriver jag ut räkningarne - och jag kan salta dem jag - du kan aldrig tro så blyga de resande är när de ska betala räkningen! - Och du - du sitter som hovmästarinnan i köket. - Du ska naturligtvis inte stå vid spisen själv - och du får lov att gå fint och nätt klädd, när du ska visa dig för folk - och du med ditt utseende - ja jag smickrar dig inte - du kan nog knipa dig en man en vacker dag! en rik engelsman, ser du - det folket är så lätt att *-saktar av-* fånga - - - och så bli vi rika - och bygger oss en villa vid Comosjön - det regnar visserligen lite ibland där - men *- domnar av - -* solen skall väl skina också någongång - - - fastän det ser mörkt ut - - - och - så - annars kan vi ju resa hem igen - och komma tillbaka *-paus -* - - - hit - eller någon annan stans - - -

KRISTIN Hör nu! Tror fröken själv på det där?

FRÖKEN *tillintetgjord* Om jag tror på det själv?

KRISTIN Ja!

FRÖKEN *trött* Jag vet inte; jag tror inte på någonting mer. *- faller ner på bänken; lägger huvet mellan armarne på bordet -* Ingenting! Ingenting alls!

KRISTIN *vänder sig åt höger där Jean står* Jaså, han tänkte rymma!

JEAN *snopen, lägger ifrån sig rakkniven på bordet* Rymma? Det är nu för mycket sagt! Du hörde ju frökens projekt och fastän hon är trött nu efter nattvaket, kan det projektet mycket väl utföras!

KRISTIN Hör nu han! Var det meningen att jag skulle bli köksa hos den där...

JEAN *skarpt* Var så god och begagna ett städat språk när du talar vid din matmor! Förstår du det!

KRISTIN Matmor!

JEAN Ja!

KRISTIN Nej hör! Hör på den!

JEAN Ja hör på du, det kan du behöva, och prata lite mindre! Fröken Julie är din husbonde och för samma sak som du missaktar henne nu, borde du missakta dig själv!

KRISTIN Jag har alltid haft så mycket aktning för mig själv - - -

JEAN - Att du kunnat missakta andra! -

KRISTIN - Så att jag aldrig sänkt mig under mitt stånd. Kom och säg att grevens kokerska haft något med ryktarn eller svindrängen! Kom och säg det!

JEAN Ja du har fått att göra med en fin karl, det är tur för dig!

KRISTIN Jo, det är en fin karl som säljer grevens havra från stallet - -

JEAN Det ska du tala om, som tar procent på kryddbovarorna och låter muta dig av slaktarn!

KRISTIN Vad för slag?

JEAN Och du kan inte ha respekt för ditt herrskap längre! Du, du, du!

KRISTIN Kommer han med nu till körkan? Han kan behöva en god predikan på sin bragd!

JEAN Nej, jag går inte i körkan i dag; du får gå ensam och skrifta dina bedrifter!

KRISTIN Ja, det skall jag göra, och jag skall komma hem med förlåtelse så det räcker åt honom med! Frälsarn har lidit och dött på korset för alla våra synder, och om vi nalkas honom med tro och botfärdigt sinne så tar han all vår skuld på sig.

FRÖKEN Tror du det Kristin?

KRISTIN Det är min levande tro så sant jag står här, och det är min barnatro, som jag bevarat från ungdomen, fröken Julie. Och där synden överflödar, där överflödar nåden!

FRÖKEN Ack om jag hade din tro! Ack, om...

KRISTIN Ja men si den kan man inte få, utan Guds särskilta nåd, och det är inte allom givet att få den - - -

FRÖKEN Vilka får den då?

KRISTIN Det är nådaverkets stora hemlighet det, ser fröken, och Gud har intet anseende till personen, utan där skola de yttersta vara de främste.

FRÖKEN Ja, men då har han ju anseende till de yttersta?

KRISTIN *fortsätter* och det är lättare för en kamel att gå igenom ett nålsöga än för en rik att komma in i Guds rike! Si så är det fröken

36

Julie!

Nu går jag emellertid - ensam, och i förbigående ska jag säga åt stalldrängen att han inte lämnar ut några hästar i fall någon skulle vilja resa innan greven kommer hem! - Adjö! *går*

JEAN En sådan djävel! - Och allt detta för en grönsiskas skull! -

FRÖKEN *slö* Låt grönsiskan vara! - Ser ni någon utväg ur detta, något slut på detta?

JEAN *funderar* Nej!

FRÖKEN Vad skulle ni göra i mitt ställe?

JEAN I ert? Vänta nu! - Som välboren, som kvinna, som - sjunken. Jag vet inte - jo! nu vet jag!

FRÖKEN *tar rakkniven och gör en gest* Så här?

JEAN Ja! - Men *jag* skulle icke göra det - märk det! för det är skillnad på oss!

FRÖKEN Därför att ni är man och jag är kvinna? Vad är det då för skillnad?

JEAN Samma skillnad - som - mellan man och kvinna!

FRÖKEN *med kniven i hand* Jag vill det! Men jag kan det inte! - Min far kunde det inte heller, den gången då han skulle ha gjort det!

JEAN Nej, han skulle icke ha gjort det! Han måste hämnas först!

FRÖKEN Och nu hämnas min mor igen, genom mig!

JEAN Har ni inte älskat er far, fröken Julie?

FRÖKEN Jo, gränslöst, men jag har visst hatat honom också! Jag måtte ha gjort det, utan att jag märkt det! Men det är han som uppfostrat mig till förakt för mitt eget kön, till halvkvinna och halvman! Vems är skulden till vad som skett? Min fars, min mors, mitt eget! Mitt eget? Jag har ju intet eget? Jag har inte en tanke som jag inte fått av min far, inte en passion som jag inte fått av min mor, och det sista - det där om att alla mänskor äro lika - det fick jag av honom, min trolovade - som jag därför kallar usling! Hur kan det vara mitt eget fel? Skjuta skulden på Jesus, som Kristin gjorde - nej, det är jag för stolt till och för klok - tack vare min fars lärdomar - och att en rik inte kan komma in i himmlen, det är lögn, och Kristin som har pengar på Sparbanken kommer åtminstone inte dit! Vems är felet? - Vad rör det oss vems felet är; det är ändå jag som får bära skulden! bära följderna!

JEAN Ja, men - - - *Det ringer två skarpa slag i klockan; Fröken störtar upp; Jean byter om rock*

JEAN Greven är hemma! - Tänk om Kristin - - - *går till talröret;* *knackar och lyss*
FRÖKEN Nu har han varit i chiffonjén?
JEAN Det är Jean, herr greve! - *lyss (Obs! åskådaren hör icke vad greven talar)* - Ja, herr greven! - *lyss* - Ja, herr greven! Straxt! - *lyss* - - Genast, herr greven! - *lyss* - -Jaha! Om en halv timme!
FRÖKEN *ytterligt ängslig* Vad sa han? Herre Jesus, vad sa han?
JEAN Han begärde sina stövlar och sitt kaffe om en halvtimme!
FRÖKEN Alltså om en halv timme! - Åh, jag är så trött; jag förmår ingenting, förmår inte ångra mig, inte fly, inte stanna, inte leva - inte dö! Hjälp mig nu! Befall mig, och jag ska lyda som en hund! Gör mig den sista tjänsten, rädda min ära, rädda hans namn! Ni vet vad jag *skulle* vilja, men inte vill, vill det, ni, och befall mig utföra det!
JEAN Jag vet inte - men nu kan jag inte heller - jag förstår inte - det är alldeles som om den här rocken gjorde att - jag inte kan befalla över er - och nu, sen greven talte till mig - så - jag kan inte redogöra för det riktigt - men - ah det är den djävla drängen som sitter i ryggen på mig! - jag tror att om greven kom ner nu - och befallde mig skära halsen av mig, så skulle jag göra det på stället.
FRÖKEN Låtsas då att ni är han, och jag är ni! - ni kunde ju spela nyss så bra, när ni låg på knä - då var ni adelsmannen - eller - har ni aldrig varit på teatern och sett magnetisören - *jakande gest av Jean* han säger åt subjektet: tag kvasten; han tar den; han säger: sopa, och den sopar - - -
JEAN Då måste ju den andra sova!
FRÖKEN *extatisk* Jag sover redan - hela rummet står som en rök för mig och ni ser ut som en järnkamin som liknar en svartklädd man i hög hatt - och era ögon lysa som kolen när elden går ut - och ert ansikte är en vit fläck som falaskan -
Solskenet har nu fallit in på golvet och lyser på Jean.
- det är så varmt och gott -
Hon gnuggar händerna som om hon värmde dem framför en eld.
- och så ljust - och så lugnt!
JEAN *tar rakkniven och sätter i hennes hand* Där är kvasten! Gå nu medan det är ljust - ut på logen - och... - *viskar i hennes öra*
FRÖKEN *vaken* Tack! Nu går jag till vila! Men säg nu bara - att de främsta också kunna få nådens gåva. Säg det, om ni också inte tror det!

38

JEAN De främsta? Nej, det kan jag inte! - Men vänta - fröken Julie -
nu vet jag! - Ni är ju icke längre bland de främsta - då ni är bland de -
yttersta!

FRÖKEN Det är sant. - Jag är bland de allra yttersta; jag är den
yttersta! Åh! - Men nu kan jag icke gå - Säg en gång till att jag skall
gå!

JEAN Nej, nu kan inte jag heller! Jag kan inte!

FRÖKEN Och de främsta skola vara de yttersta!

JEAN Tänk inte, tänk inte! Ni tar ju all min kraft från mig också, så
att jag blir feg - vad, jag tyckte klockan rörde sig! - Nej! Ska vi sätta
papper i den! - - Att vara så rädd för en ringklocka! - Ja men det är
inte bara en klocka - det sitter någon bakom den - en hand sätter den
i rörelse - och något annat sätter handen i rörelse - men håll för örona
bara - håll för örona! Ja så ringer han ändå värre! - ringer bara ända
tills man svarar - och då är det för sent! och så kommer länsman -
och så... *två starka ringningar i klockan*

JEAN *far tillsammans; därpå rätar han upp sig* Det är rysligt! Men det
finns intet annat slut! - Gå!

FRÖKEN *går bestämt ut genom dörren*

Ridå

FADREN
Sorgespel i tre akter

ROLLER
RYTTMÄSTARN
LAURA, hans hustru
BERTHA, hans dotter
DOKTOR ÖSTERMARK
PASTORN
AMMAN
NÖJD
KALFAKTORN

FÖRSTA AKTEN
Ett vardagsrum hos Ryttmästarn. Dörr i fonten åt höger. Mitt på
golvet stort, runt bord med tidningar och tidskrifter. Till höger en
skinnsoffa och bord. I högra hörnet en tapetdörr. Vänster chiffonjé
med pendyl; dörr till våningen. Vapen på väggarne: gevär och
jaktväskor. Klädhängare vid dörren med uniformsrockar. På stora
bordet brinner en lampa.

FÖRSTA SCENEN
Ryttmästarn och pastorn i skinnsoffan. Ryttmästarn i släpuniform
och ridstövlar med sporrar. Pastorn svartklädd, med vit halsduk, utan
prästkragar; röker pipa.

RYTTMÄSTARN *ringer*
KALFAKTORN Vad befaller herr ryttmästarn?
RYTTMÄSTARN Är Nöjd därute?
KALFAKTORN Nöjd väntar på order i köket.
RYTTMÄSTARN Är han i köket igen? Släpp in honom genast.
KALFAKTORN Ska ske herr ryttmästare. *Går.*
PASTORN Vad har du nu för spektakel?
RYTTMÄSTARN Å den lymmeln har varit sta igen med pigan. Den
är alldeles förbannad, den karlen!
PASTORN Är det Nöjden? Han var ju framme i förrårs också!
RYTTMÄSTARN Ja, du minns det! Men vill du inte vara snäll och
säga honom några vänliga ord, så kanske han tar det bättre. Jag har
svurit över honom och jag har klått honom också, men det biter inte.

40

PASTORN Nå, så du vill att jag ska läsa över honom. Vad tror du Guds ord tar på en kavallerist.

RYTTMÄSTARN Ja, svåger, inte biter det på mig, det vet du...

PASTORN Det vet jag nog!

RYTTMÄSTARN Men på honom! Försök i alla fall.

ANDRA SCENEN
De förre. Nöjd.

RYTTMÄSTARN Vad har du nu gjort, Nöjd?

NÖJD Gud bevare herr ryttmästarn, det kan jag inte säga, när pastorn är inne.

PASTORN Genera dig inte du, min gosse!

RYTTMÄSTARN Bekänn nu, annars vet du hur det går.

NÖJD Jo, se, det var så, att vi va på dans hos Gabriel, och så, och så sa Ludvig...

RYTTMÄSTARN Vad har Luvig med den saken att göra? Håll dig till sanningen.

NÖJD Jo, och så sa Emma att vi skulle gå till logen.

RYTTMÄSTARN Jaså, det var kanske Emma som förledde dig?

NÖJD Ja, inte var det långt ifrån. Och det ska jag säga, att om inte flickan vill, så blir det ingenting av.

RYTTMÄSTARN Kort och gott: är du far till barnet eller inte?

NÖJD Hur ska en kunna veta det?

RYTTMÄSTARN Vad för slag? Kan du inte veta det?

NÖJD Nej, si det kan en då aldrig veta.

RYTTMÄSTARN Var du inte ensam då?

NÖJD Jo den gången, men inte kan en veta om en är ensam för det?

RYTTMÄSTARN Vill du skylla på Ludvig då? Är det din mening?

NÖJD Det är inte gott att veta vem en ska skylla på.

RYTTMÄSTARN Ja, men du har sagt åt Emma att du vill gifta dig med henne.

NÖJD Ja, se det får en alltid lov att säga...

RYTTMÄSTARN *till pastorn* Det är ju förfärligt!

PASTORN Gamla historier det där! Men hör du Nöjd, du ska väl ändå vara så till karl att du vet om du är fadren?

NÖJD Ja, nog var jag sta, men det vet väl pastorn med sig själv, att det inte behöver bli något för det!

PASTORN Hör du min gosse, det är fråga om dig nu! Och du vill väl inte lämna flickan ensam med barnet! Att gifta dig kan väl inte bli tvång, men du ska ta hand om barnet!

Det ska du!

NÖJD Ja, men då ska Ludvig vara med.

RYTTMÄSTARN Då får saken gå till tinget. Jag ska inte reda i det här, och det roar mig verkligen inte heller. Se så, marsch!

PASTORN Nöjd! Ett ord! Hm! Tycker du inte att det är ohederligt att lämna en flicka så där på bar backe med ett barn? Tycker du inte det? Va! Anser du inte att ett sådant handlingssätt... hm, hm!...

NÖJD Jo, se om jag visste att jag vore far till barnet, men se det kan en aldrig veta, herr pastorn. Och gå hela sitt liv och släpa för andras barn är inte roligt! Det kan ju herr pastorn och herr ryttmästarn förstå själva!

RYTTMÄSTARN Marsch!

NÖJD Gu bevare herr ryttmästarn! *Går.*

RYTTMÄSTARN Men gå inte ut i köket nu din lymmel!

TREDJE SCENEN
Ryttmästarn och Pastorn.

RYTTMÄSTARN Nå, varför trumfa du inte på honom!

PASTORN Vad för något? Gav jag honom inte?

RYTTMÄSTARN Äh, du bara satt och muttra för dig själv!

PASTORN Uppriktigt sagt, så vet jag inte vad jag ska säga.. Det är synd om flickan, ja; det är synd om pojken, ja. För, tänk om han inte vore fadren! Flickan kan amma in barnet fyra månader på barnhuset, så är barnet försörjt för allan tid, men pojken kan inte amma han. Flickan får en bra plats efteråt i något bättre hus, men pojken framtid kan vara förstörd, om han får avsked från regementet.

RYTTMÄSTARN Ja min själ jag ville vara i häradshövdingens kläder och döma i det här målet. Pojken är nog inte så oskyldig, det kan man inte veta, men ett kan man veta och det är att flickan är skyldig, om nu det skall vara någon skuld.

PASTORN Ja, ja! Jag dömer ingen! Men vad var det vi talade om, när den här välsignade historien kom emellan. Det var om Bertha och konfirmationen, så var det?

RYTTMÄSTARN Ja det var väl icke så egentligen om konfirmationen, utan om hela hennes uppfostran. Här är huset fullt med kvinnor, som alla vilja uppfostra mitt barn. Svärmor vill göra henne till spiritist; Laura vill ha henne till artist; guvernanten vill göra henne till metodist; gamla Margret vill ha henne till baptist; och pigorna till frälsningsarmén. Det går naturligtvis inte att lappa ihop en själ på det sättet, helst jag, som äger första rätten att leda hennes naturell, oupphörligt motarbetas i min bemödanden. Jag måste därför ha ut henne ur detta hem.

PASTORN Du har för mycket kvinnor, som regera i ditt hus.

RYTTMÄSTARN Ja, har inte det! Det är som att gå in i buren till tigrarna, och höll jag inte mina järn röda under näsan på dem, så skulle de riva ned mig vilken sekund som helst! Ja du skrattar du, din skälm. Det var inte nog att jag tog din syster till hustru, utan du narrade också på mig din gamla styvmor.

PASTORN Nå herre Gud, man ska inte ha styvmödrar i sitt hus.

RYTTMÄSTARN Nej, men svärmödrar tycker du är bättre att ha i rum, hos andra nämligen.

PASTORN Ja ja, var och en har fått sin lott här i livet.

RYTTMÄSTARN Ja, men jag har bestämt fått för mycket. Jag har ju min gamla amma också, som behandlar mig som om jag skulle bära haklapp ännu. Hon är mycket snäll, gubevars, men hon hör inte hit!

PASTORN Du ska hålla reda på kvinnofolkena, svåger; du låter dem regera alldeles för mycket.

RYTTMÄSTARN Hör du, min bror, vill du upplysa mig om hur det går till att hålla reda på fruntimmer.

PASTORN Strängt taget, så var Laura, det är min egen syster, men hon var alltid litet krånglig.

RYTTMÄSTARN Laura har nog sina sidor, men med henne är det icke så farligt.

PASTORN Å, sjung ut, jag känner henne.

RYTTMÄSTAREN Hon har fått en romantisk uppfostran och har lite svårt att finna sig, men hon är i alla fall min hustru...

PASTORN Och därför att hon är din hustru, så är hon den bästa. Nej, du svåger, det är allt hon som klämmer efter dig mest.

RYTTMÄSTARN Emellertid, så, nu är det på tok med hela huset. Laura vill inte släppa Bertha ifrån sig, och jag kan inte låta henne stanna i detta dårhus!

PASTORN Så, Laura vill inte; ja vet du, då fruktar jag något svårt. När hon var barn, brukade hon ligga som en död, ända tills hon fick sin vilja fram, och när hon fått vad hon velat, lämnade hon det tillbaka om det var en sak, med den förklaringen att det icke var saken hon ville, utan att få sin vilja fram.

RYTTMÄSTARN Jaså, hon var så då redan. Hm! Hon har verkligen sådana passioner ibland, att jag är rädd för henne och tror att hon är sjuk.

PASTORN Men vad är det nu du vill med Bertha, som är så oförsonligt? Kan man inte jämka?

RYTTMÄSTARN Du må inte tro att jag vill göra henne till något underbarn eller någon avbild av mig själv. Jag vill icke vara kopplare åt min dotter och uppföda henne uteslutande till äktenskap, ty blir hon gående ogift, så får hon bittra dagar. Men jag vill å andra sidan inte led henne in på en manlig bana, som tar lång utbildningtid och vars förarbete kan vara alldeles bortkastat, i händelse att hon skulle vilja gifta sig.

PASTORN Hur vill du då?

RYTTMÄSTARN Jag vill att hon ska bli lärarinna. Förblir hon ogift, så försörjer hon sig och har inte tyngre än de stackars lärarne, som skola dela sina löner med familj. Gifter hon sig, så kan hon använda sina kunskaper på sina barns uppfostran. Är det rätt tänkt?

PASTORN Det är rätt! Men har hon å andra sidan visat sådana anlag för målning att det vore våld på naturen att undertrycka dem.

RYTTMÄSTARN Nej! Jag har visat hennes prov för en framstående målare, och han säger att det bara är sådant, som man lära sig i skolorna. Men så kommer det en ung glop hit i somras, som förstod saken bättre, och säger att det var kolossala anlag, och därmed var saken avgjord till Lauras förmån.

PASTORN Var han kär i flickan?

RYTTMÄSTARN Det tar jag för alldeles givet!

PASTORN Gud vare med dig då min gosse, för då ser jag ingen hjälp. Men det här är tråkigt, och Laura har parti naturligtvis... därinne.

RYTTMÄSTARN Jo, det kan du lita på! Det står redan i ljusan låga hela huset, och oss emellan, det är inte någon precis så nobel strid som förs från det hållet.

PASTORN *reser sig* Tror du inte jag känner till det?

RYTTMÄSTARN Du också?

PASTORN Också?

RYTTMÄSTARN Men det värsta är att, det förefaller mig, som om Berthas bana, därinne, bestämdes av några hatfulla motiv. De kasta ord om att männen skall få se, att kvinnan kan det och kan det. Det

är mannen och kvinnan mot varandra oupphörligt, hela dan. -
Ska du gå nu? Nej, stanna nu till kvällen. Jag har visst inte något att
bjuda på, men i alla fall; du vet att jag väntar nya doktorn hit. Har
du sett honom?

PASTORN Jag så en skymt av honom, när jag for förbi. Han såg
hygglig och reell ut.

RYTTMÄSTARN Såå, det var gott. Tror du det kan bli en
bundförvant åt mig?

PASTORN Vem vet? det bero på huru mycket han varit med
kvinnor.

RYTTMÄSTARN Nej, men vill du inte stanna?

PASTORN Nej tack, kära du, jag har lovat komma hem till kvällen,
och gumman blir orolig om jag dröjer.

RYTTMÄSTARN Orolig? Ond ska du säga! Nå, som du vill. Får jag
hjälpa dig med pälsen?

PASTORN Det är visst mycket kallt ikväll. Tack ska du ha. Du ska
sköta din hälsa, Adolf, du ser så nervös ut!

RYTTMÄSTARN Ser jag nervös ut?

PASTORN Jaa, du är inte riktigt frisk?

RYTTMÄSTARN Har Laura inbillat dig det? Mig har hon nu i
tjugo år behandlat som dödskanidat.

PASTORN Laura? Nej, men du gör gör mig orolig. Sköt om dig!
Det är mitt råd! Adjö, min gubbe lilla; men var det inte
konfirmationen du ville tala om?

RYTTMÄSTARN Inte alls! Jag försäkrar dig, att den saken får gå sin
gilla gång på det officiella samvetets räkning, för jag är varken något
sanningsvittne eller någon martyr.
Det ha vi lagt bakom oss. Adjö med dig. Hälsa så mycket!

PASTORN Adjö min bror. Hälsa Laura!

FJÄRDE SCENEN
Ryttmästarn, sedan Laura.

RYTTMÄSTARN *öppnar chiffonjén och sätter sig vid klaffen att räkna*
Trettiofyra - nio, fyrtiotre - sju, åtta, femtiosex.

LAURA *in från våningen* Vill du vara så god...

RYTTMÄSTARN Strax! - Sextiosex, sjuttioen, åttiofyra, åttionio,
nittiotvå, hundra. Vad var det?

LAURA Kanske jag stör.

RYTTMÄSTARN Inte alls! Hushållspengarne kan jag tro?

LAURA Ja, hushållspengarne.

RYTTMÄSTARN Lägg räkningarne där, ska jag gå igenom dem.

LAURA Räkningarna?

RYTTMÄSTARN Ja!

LAURA Ska det nu vara räkningar?

RYTTMÄSTARN Naturligtvis ska det vara räkningar. Husets ställning är osäker, och i händelse av uppgörelse, måste det finnas räkningar, annars kan man bli straffad som vårdslös gäldenär.

LAURA Om husets ställning är dålig, så är det icke mitt fel.

RYTTMÄSTARN Det är just vad som skall utrönas genom räkningarne.

LAURA Om arrendatorn icke betalar, så är det icke mitt fel.

RYTTMÄSTARN Vem rekommenderade arrendatorn på det varmaste? Du! Varför rekommenderade du en - låt oss säga - slarv?

LAURA Varför tog du den slarven då?

RYTTMÄSTARN Därför att jag inte fick äta i ro, inte sova i ro, inte arbeta i ro, förren ni fått honom hit. Du ville ha honom, därför att din bror ville bli av med honom, svärmor ville ha honom, därför att jag inte ville ha honom, guvernanten ville ha honom, därför att han var en läsare, och gamle Margret, därför att hon känt hans mormor ifrån barndomen. Därför blev han antagen; och hade jag inte tagit honom sutte jag nu på dårhus eller lågo jag i familjegraven. Emellertid, här äro hushållspengarne, och nålpengarne. Räkningarne kan jag få sedan

LAURA *niger* Tack så mycket! - Håller du också räkningen på vad du ger ut utom för hushållet?

RYTTMÄSTARN Det rör inte dig.

LAURA Nej det är sant, lika litet som mitt barn uppfostran får röra mig. Ha herrarne fattat sitt beslut nu efter aftonens plenum?

RYTTMÄSTARN Jag hade redan fattat mitt beslut, och jag hade därför endast att meddela det åt den enda vän jag och familjen äger tillsammans. Bertha skall inackorderas i stan och reser om fjorton dagar.

LAURA Hos vem skall hon inackorderas, om jag får fråga?

RYTTMÄSTARN Hos auditören Sävberg.

LAURA Den fritänkarn!

RYTTMÄSTARN Barnen skola uppfostras i fadern bekännelse, enligt gällande lag.

LAURA Och modern har ingenting att bestämma i den frågan.

RYTTMÄSTARN Ingenting alls! Hon har sålt sin förstfödslorätt i laga köp, och avträtt sig sina rättigheter mot att mannen drager försorg om henne och hennes barn.

LAURA Alltså ingen rätt över sitt barn?

RYTTMÄSTARN Nej ingen alls! Har man sålt en vara en gång, så lär man icke få igen den och ändå behålla pengarne.

LAURA Men om både fadren och modern skulle tillsammans besluta...

RYTTMÄSTARN Hur skulle det då gå. Jag vill att hon bor i stan, du vill att hon bor hemma. Aritmetiska mediet blev att hon stannade på järnvägsstation, mitt emellan staden och hemmet. Detta är en fråga som icke kan lösas! Ser du!

LAURA Då måste den brytas! - Vad ville Nöjd här?

RYTTMÄSTARN Det är min yrkeshemlighet!

LAURA Som hela köket känner.

RYTTMÄSTARN Gott, då bör du känna den!

LAURA Jag känner den också.

RYTTMÄSTARN Och har domen redan färdig?

LAURA Den är skriven i lagen!

RYTTMÄSTARN Det står icke i lagen vem som är barnets fader.

LAURA Nej, men det brukar man kunna veta.

RYTTMÄSTARN Klokt folk påstår att sådant kan man aldrig veta.

LAURA Det var märkvärdigt! Kan man inte veta vem som är fadren till ett barn?

RYTTMÄSTARN Nej, det påstås!

LAURA Det var märkvärdigt! Hur kan fadren då ha sådana rättigheter över hennes barn?

RYTTMÄSTARN Han har det endast i det fall han åtager sig skyldigheterna, eller ålägges skyldigheterna. Och i äktenskapet finns ju inga tvivel om faderskapet.

LAURA Finns det inga tvivel?

RYTTMÄSTARN Nej, jag hoppas det!

LAURA Nå, i de fall hustrun varit otrogen?

RYTTMÄSTARN Något sådant fall föreligger inte här! Har du något vidare att fråga om?

LAURA Inte alls!

RYTTMÄSTARN Då går jag upp på mitt rum, och du kan vara god underrätta mig när doktorn kommer. *Stänger chiffonjén och reser sig.*

LAURA Det skall ske!

RYTTMÄSTARN *går genom tapetdörren till höger* Så fort han kommer, för jag vill inte vara oartig mot honom. Du förstår! *Går.*

LAURA Jag förstår!

FEMTE SCENEN

Laura ensam; betraktar sedlarna hon håller i handen.

SVÄRMODERNS RÖST *inifrån* Laura!

LAURA Ja!

SVÄRMODERNS RÖST Är mitt te färdigt?

LAURA *i dörren till våningen* Det ska strax komma! *Går mot utgångsdörren i fonten, då Kalfaktorn öppnar och anmäler: Doktor Östermark.*

DOKTORN Min fru!

LAURA *går emot och räcker honom handen* Välkommen herr doktor! Hjärtligt välkommen till oss. Ryttmästarn är ute, men han kommer strax igen.

DOKTORN Jag ber ursäkt att jag kommer så sent, men jag har redan varit ute på besök.

LAURA Var god och sitt ner! Var så god!

DOKTORN Jag tackar min fru.

LAURA Ja, det är rätt sjukligt här på orten för tillfället, men jag hoppas att ni ska trivas ändå, och för oss, som sitta i ensamheten på landet, är det stor vikt att finna en läkare som intresserar sig för sina klienter; och om er, doktor, har jag hört så mycket gott, att jag hoppas det bästa förhållande skall råda oss emellan.

DOKTORN Ni är alltför nådig min fru, men jag hoppas å andra sidan för er skull att mina besök icke skola bli alltför ofta av behovet påkallade. Er familj är ju i allmänhet frisk och...

LAURA Ja några akuta sjukdomar ha vi dess bättre icke haft, men det är ändå icke allt som det bör vara.

DOKTORN Inte det?

LAURA Det är gunås icke så bra, som vi skulle önska det.

DOKTORN Åh! Ni skrämmer mig!

LAURA Det finns förhållanden i en familj, som man tvingas av heder och samvete att fördölja för hela världen...

DOKTORN Utom för läkaren.

48

LAURA Det är därför min smärtsamma plikt att från första ögonblicket säga er sanningen.

DOKTORN Kan vi inte uppskjuta detta samtal tills jag haft den äran bli föreställd för ryttmästarn?

LAURA Nej! Ni måste höra mig först, innan ni ser honom.

DOKTORN Det handlar sålunda om honom?

LAURA Om honom, min stackars älskade man.

DOKTORN Ni gör mig orolig min fru, och jag deltar i er olycka, tro mig!

LAURA *tar upp näsduken* Min man är själssjuk. Nu vet ni allt, och nu får ni döma själv sedan.

DOKTORN Vad säger ni? Jag har med beundran läst ryttmästarens förträffliga avhandlingar i mineralogi, och jag har alltid funnit en klar och stark intelligens.

LAURA Verkligen? Det gläder mig om vi alla hans anhöriga skulle ha misstagit oss.

DOKTORN Men nu kan det inträffa att hans själsliv är stört på andra områden. Berätta!

LAURA Det är det vi frukta också! Ser ni, han har emellanåt de mest bizarra idéer, som han ju såsom lärd kunde få ha för sig, om de icke inverkade störande på hela hans familj bestånd. Så till exempel har han en vurm att köpa allt möjligt.

DOKTORN Det är betänkligt; men vad köper han?

LAURA Hela kistor med böcker, som han aldrig läser.

DOKTORN Nå, att en lärd köper böcker är ännu icke så farligt.

LAURA Ni tror inte vad jag säger?

DOKTORN Jo, min fru, jag är övertygad att ni tror vad ni säger.

LAURA Men är detta rimligt att en människa kan i ett mikroskop se vad som händer på en annan planet?

DOKTORN Säger han att han kan det?

LAURA Ja, det säger han.

DOKTORN I ett mikroskop?

LAURA I ett mikroskop! Ja!

DOKTORN Det är betänkligt, om det är så!

LAURA Om det är så! Ni är då intet till förtroende till mig, herr doktor, och jag som sitter här och inviger er i familjens hemlighet...

DOKTORN Se så, min fru, ert förtroende hedrar mig, men jag måste som läkare undersöka, pröva, innan jag dömer. Har ryttmästarn visat några symptomer till nyckfullhet i lynnet,

49

ostadighet i viljan?

LAURA Om han har det? Vi har varit gifta i tjugo år och han har ännu aldrig fattat ett beslut, utan att överge det.

DOKTORN Är han halsstarrig?

LAURA Han skall alltid ha sin vilja igenom, men när han fått råda, släpper han alltsammans och ber mig besluta.

DOKTORN Detta är betänkligt och fodrar stark observation. Det är viljan, ser ni, min fru, som är själens ryggrad; blir den sårad, så faller själen sönder.

LAURA Och Gud skall veta att jag fått lära mig att gå hans önskningar till mötes under dessa långa prövoår. Å, om ni visste vilket liv jag genomkämpat vid hans sida, om ni visste!

DOKTORN Min fru, er olycka rör mig djupt, och jag lovar er att se till vad som kan göras. Jag beklagar er av hela mitt hjärta och ber er att lita på mig oinskränkt. Men efter vad jag hört, skall jag be er om en sak. Undvik att väcka några tankar med starkt intryck hos den sjuke, ty i en mjuk hjärna utvecklas de hastigt och blir lätt monomanier eller fixa idéer. Förstår ni?

LAURA Alltså undvika att väcka hans misstänksamhet!

DOKTORN Alldeles så! Ty en sjuk kan inbilla vad som helst, just därför att han är mottaglig för allt.

LAURA Så! Då förstår jag! Ja! - Ja! *Det ringer inifrån våningen.* Förlåt, min mor har något att säga mig. Ett ögonblick... Se där är Adolf...

SJÄTTE SCENEN
Doktorn. Ryttmästarn från tapetdörren.

RYTTMÄSTARN Ah, ni är redan här, herr doktor! Hjärtligt välkommen till oss!

DOKTORN Herr ryttmästarn! Det är högst angenämt för mig att göra en så berömd vetenskapsmans bekantskap.

RYTTMÄSTARN Å, jag ber. Min tjänstgöring tillåter mig inte några djupare forskningar, men jag tror mig ändå vara en upptäckt på spåren.

DOKTORN Så!

RYTTMÄSTARN Ser ni jag har underkastat meteorstenar spektralanalys och jag har funnit kol, spår av organiskt liv! Vad säger ni om det?

DOKTORN Kan ni se det i mikroskopet?

RYTTMÄSTARN Nej, i spektroskopet för tusan!

DOKTORN Spektroskopet! Förlåt! Nå, då kan ni snart säga oss vad som händer på Jupiter!

RYTTMÄSTARN Inte vad som händer, utan vad som hänt. Bara den välsignade bokhandlarn i Paris skickade mig böcker, men jag tror att alla världens bokhandlare ha sammansvurit sig. Tänk att på två månader har inte en enda svarat på rekvisitioner, brev eller ovettiga telegram! Jag blir galen av allt det här, och jag kan inte begripa hur det hänger ihop!

DOKTORN Å, det är väl vanligt slarv, och ni ska inte ta saken så häftigt.

RYTTMÄSTARN Nå, men för fanken, jag kan inte få min avhandling färdig i tid, och jag vet att man i Berlin arbetar med samma sak. Men det var nu inte det vi skulle tala om! Det var om er. Vill ni bo här, så har vi en liten våning i flygeln, eller vill ni bo på gamla bostället?

DOKTORN Alldeles som ni vill.

RYTTMÄSTARN Nej, som ni vill! Säg nu!

DOKTORN Det får ryttmästarn bestämma!

RYTTMÄSTARN Nej, jag bestämmer ingenting. Det är ni som ska säga hur ni vill. Jag vill ingenting. Ingenting alls!

DOKTORN Nej, men jag kan inte bestämma...

RYTTMÄSTARN I Jesu namn svara då, herre, hur vill ni ha det. Jag har ingen vilja i det här fallet, ingen mening, ingen önskan! Är ni en sådan mes, att ni inte vet vad ni vill! Svara, eller jag blir ond!

DOKTORN Efter det beror på mig, så bor jag här!

RYTTMÄSTARN Gott! - Tack ska ni ha! - Å! - Ursäkta mig doktor, men det finns ingenting som plågar mig så som att höra människor säga att någonting är likgiltigt. *Ringer.* Amman in

RYTTMÄSTARN Jaså, det är du, Margret. Hör du min vän, vet du om flygel är i ordning åt doktorn?

AMMAN Ja, herr ryttmästarn, det är den!

RYTTMÄSTARN Så! Då ska jag inte uppehålla doktorn, som kan vara trött. Farväl och välkommen igen; vi ses i morgon, hoppas jag.

DOKTORN God afton, herr ryttmästare!

RYTTMÄSTARN Och jag förmodar att min hustru satt er in i förhållandena något, så att ni vet ungefär huru landet ligger.

DOKTOR Er förträffliga fru har givit mig vinkar om ett och annat,

som kan vara nödigt för en oinvigt att veta. God afton, herr
ryttmästare.

SJUNDE SCENEN
Ryttmästarn. Amman.

RYTTMÄSTARN Vad vill du min vän! Är det något?

AMMAN Hör nu herr Adolf lilla.

RYTTMÄSTARN Ja, gamla Margret. Tala du, som är den enda jag
kan höra på, utan att få spasmer.

AMMAN Hör nu herr Adolf, skulle han inte kunna gå halva vägen
komma omsams med frun om den här historien med barnet. Tänk
ändå på en mor...

RYTTMÄSTARN Tänk på en far, Margret!

AMMAN Så, så, så! En far har annat än sitt barn, men en mor har
bara sitt barn.

RYTTMÄSTARN Just så min gumma. Hon har bara en börda, men
jag har tre, och hennes börda bär jag. Tror du icke jag skulle ha haft
en annan ställning i livet än en gammal knekts om jag icke haft
henne och hennes barn.

AMMAN Ja, det var inte det jag ville säga.

RYTTMÄSTARN Nej, det tror jag nog, för du ville ha mig till att ha
orätt.

AMMAN Tror inte herr Adolf att jag vill honom väl?

RYTTMÄSTARN Jo, kära vän, jag tror det, men du vet inte vad som
är mitt väl. Ser du, det är inte nog för mig att ha givit barnet liv, jag
vill också ge det min själ.

AMMAN Ja, se det där förstår jag inte. Men ändå tycker jag att man
måste kunna komma överens.

RYTTMÄSTARN Du är inte min vän, Margret!

AMMAN Jag? Å gud så herr Adolf säger. Tror han inte att jag kan
glömma att han var mitt barn, då han var liten.

RYTTMÄSTARN Nå kära du, har jag glömt det? Du har varit som
en mor för mig, du har givit mig medhåll hittills, när jag hade alla
mot mig, men nu, när det gäller, nu sviker du mig och går över till
fienden.

AMMAN Fienden!

RYTTMÄSTARN Ja, fienden! Du vet nog hur det är här i huset, du
som har sett allt, från början till slut.

52

AMMAN Jag har nog sett! Men min Gud, ska då två människor pina livet ur varann; två människor som eljest äro så goda och vilja andra väl. Aldrig är frun så mot mig eller andra...

RYTTMÄSTARN Bara mot mig, jag vet det. Men nu säger jag dig Margret, om du nu överger mig, så gör du synd. För nu spinnes här omkring mig, och den där doktorn är inte min vän!

AMMAN Ack, herr Adolf tror alla människor om ont, men ser han, det är därför att han inte har den sanna tron; ja, se så är det.

RYTTMÄSTARN Men du och baptisterna ha funnit den enda riktiga tron. Du är lycklig du!

AMMAN Ja, inte är jag så olycklig som han, herr Adolf! Böj han sitt hjärta och han skall se att Gud ska göra honom lycklig i kärleken till nästan.

RYTTMÄSTARN Det är märkvärdigt, att bara du talar om gud och kärleken, blir din röst så hård och dina ögon så hatfulla. Nej, Margret, du har bestämt inte den sanna tron.

AMMAN Ja, var stolt han och hård på sin lärdom, det räcker ändå inte långt, när det gäller.

RYTTMÄSTARN Så hömodigt du talar, ödmjuka hjärta. Nog vet jag att lärdom inte hjälper på sådana djur som ni!

AMMAN Han skulle skämmas! Men gamla Margret, hon håller ändå ändock mest av sin stora, stora gosse, och han kommer nog igen, som det snälla barnet, när det blir urväder.

RYTTMÄSTARN Margret! Förlåt mig, men tro mig, här finns ingen som vill mig väl, mer än du. Hjälp mig, för jag känner att här kommer det att hända något. Jag vet inte vad det är, men det är inte riktigt det, som tilldrar sig. *Skrik inifrån våningen.* Vad är det? Vem är det som skriker?

ÅTTONDE SCENEN
De förre. Bertha in från våningen.

BERTHA Pappa, pappa, hjälp mig! Rädda mig!

RYTTMÄSTARN Vad är det, mitt älskade barn! Tala!

BERTHA Hjälp mig! Jag tror hon vill göra mig illa!

RYTTMÄSTARN Vem vill göra dig illa? Säg! Säg!

BERTHA Mormor! Men det var mitt fel, för jag narrade henne!

RYTTMÄSTARN Tala om!

BERTHA Ja, men du får inte säga något! Hör du det, jag ber dig!

RYTTMÄSTARN Nå, men säg då vad det är!

AMMAN *går.*

BERTHA Jo! Hon brukar, om kvällarna, skruva ner lampan, och så sätter hon mig vid bordet med en penna i hand över ett papper. Och så säger hon att andarne ska skriva.

RYTTMÄSTARN Vad för slag! Och det har du inte talat om för mig!

BERTHA Förlåt mig, men jag tordes inte, för mormor säger att andarne hämnas, om man talar om. Och så skriver pennan, men jag vet inte om att det är jag. Och ibland går det bra, men ibland kan det inte alls. och när jag blir trött, så kommer det inte, men då måste det komma ändå. Och i kväll så tror jag att jag skrev bra, men så sa mormor att det var ur Stagnelius, och att jag narrat henne; och då blev hon så förfärligt ond.

RYTTMÄSTARN Tror du att det finns andar?

BERTHA Jag vet inte!

RYTTMÄSTARN Men jag vet att de inte finns!

BERTHA Men mormor säger att pappa inte förstår det och att pappa har mycket värre saker, som kan se till andra planeter.

RYTTMÄSTARN Säger hon det! Säger hon det! Vad säger hon mer?

BERTHA Hon säger att du kan trolla!

RYTTMÄSTARN Det har jag icke heller sagt. Du vet vad meteorstenar äro! Ja, stenar som nedfalla från andra himlakroppar. Dem kan jag undersöka och säga om de innehålla samma ämnen som vår jord. Det är allt vad jag kan se.

BERTHA Men mormor säger att det finns saker, som hon kan se, men du inte kan se.

RYTTMÄSTARN Ser du, det ljuger hon!

BERTHA Inte ljuger mormor!

RYTTMÄSTARN Varför inte?

BERTHA Då ljuger mamma också!

RYTTMÄSTARN Hm!

BERTHA Om du säger att mamma ljuger, så tror jag aldrig mer på dig!

RYTTMÄSTARN Jag har inte sagt det, och därför ska du tro mig, när jag säger dig, att ditt bästa, din framtid fordrar att du lämnar detta hem! Vill du det? Vill du komma till stan och lära något nyttigt!

BERTHA Ack ja, vad jag vill komma till stan, ut härifrån, vart som helst! Bara jag får se dig ibland, ofta. Å, därinne är alltid så tungt, så

hemskt som om det vore en vinternatt, men när du kommer, far, så
är det som när man tar ut innanflönstren en vårmorgon!

RYTTMÄSTARN Mitt älskade barn! Mitt kära barn!

BERTHA Men, pappa, du skall vara snäll mot mamma, hör du det;
hon gråter så ofta!

RYTTMÄSTARN Hm! - Du vill således till stan?

BERTHA Ja! Ja!

RYTTMÄSTARN Men om mamma inte vill det?

BERTHA Men det måste hon vilja!

RYTTMÄSTARN Men om hon inte vill det?

BERTHA Ja, då vet jag inte hur det skall gå! Men hon ska det, hon
ska det!

RYTTMÄSTARN Vill du be henne?

BERTHA Du ska be henne så vackert, för mig bryr hon sig inte om!

RYTTMÄSTARN Hm! - Nå, om du vill det och jag vill det, och hon
inte vill det, hur ska vi göra då?

BERTHA Ack, då blir det så krångligt igen! Varför kan ni inte båda...

NIONDE SCENEN
De förre. Laura.

LAURA Jaså, Bertha är där! Då kanske vi kan få höra hennes egen
mening, då frågan om hennes öde skall avgöras.

RYTTMÄSTARN Barnet kan väl knappt ha någon grundad mening
om huru en ung flickas liv kommer att gestalta sig, vilket vi däremot
lättare kunna ungefär beräkna, då vi sett ett stort antal unga flickors
liv utveckla sig.

LAURA Men efter som vi äro av olika mening, kan ju Bertha få ge
utslaget.

RYTTMÄSTARN Nej! Jag låter ingen inkräkta på mina rättigheter,
varken kvinnor eller eller barn. Bertha, lämna oss.

BERTHA *går ut.*

LAURA Du fruktade hennes uttalande, emedan du trodde att det
skulle bli till min fördel.

RYTTMÄSTARN Jag vet, att hon själv vill ifrån hemmet, men jag
vet också, att du äger makt ändra hennes vilja efter behag.

LAURA Å, är jag så mäktig!

RYTTMÄSTARN Ja, du har en satanisk makt att få igenom din
vilja, men det får alltid den som icke skyr medlen. Hur fick du till

exempel bort doktor Norling och hur fick du hit den nya?

LAURA Ja, hur fick jag det?

RYTTMÄSTARN Du skymfade den förre, så han gick, och lät din bror skaffa röster åt den här.

LAURA Nå, det var ju mycket enkelt och fullkomligt lagligt. Ska Bertha resa nu?

RYTTMÄSTARN Ja, om fjorton dagar skall hon resa.

LAURA Är det ditt beslut?

RYTTMÄSTARN Ja!

LAURA Har du talat vid Bertha om det?

RYTTMÄSTARN Ja!

LAURA Då får jag lov att söka hindra det!

RYTTMÄSTARN
Det kan du inte!

LAURA Inte! Tror du att en mor släpper ut sitt barn bland dåliga människor att lära sig, det allt vad modern inplantat är dumheter, så att hon sedan får gå föraktad av sin dotter hela sitt liv.

RYTTMÄSTARN Tror du att en far vill tillåta okunniga och inbilska kvinnor lära dottren att fadren var en charlatan?

LAURA Det skulle nu betyda mindre med fadren.

RYTTMÄSTARN Varför så?

LAURA Därför att modren är närmare till barnet, sedan man upptäckt att ingen egentligen kan veta vem som är ett barns fader.

RYTTMÄSTARN Vad har det för tillämpning i det här fallet?

LAURA Inte vet du om du är Berthas far!

RYTTMÄSTARN Vet jag inte!

LAURA Nej, det ingen kan veta, det väl inte du!

RYTTMÄSTARN Skämtar du?

LAURA Nej, jag begagnar endast dina lärdomar. För övrigt, hur vet du att jag inte varit dig otrogen?

RYTTMÄSTARN Mycket tror jag dig om, men det inte, och inte det heller om du skulle tala om det, såvida det var sant.

LAURA Antag att jag föredrog allt, att bli utstött, föraktad, allt för att få behålla och råda över mitt barn, och att jag nu voro uppriktig, när jag förklarade: Bertha är mitt, men inte ditt barn! Antag...

RYTTMÄSTARN Sluta nu!

LAURA Antag bara detta: då vore din makt ute!

RYTTMÄSTARN Sedan du bevisat, att jag icke var fadren!

LAURA Det vore väl inte svårt! Skulle du vilja det?

RYTTMÄSTARN Sluta nu!

LAURA Jag skulle naturligtvis bara behöva uppge namnet på den verklige fadren, närmare bestämma plats och tidpunkt, till exempel -, när är Bertha född? - tredje året efter vigseln...

RYTTMÄSTARN Sluta nu! Annars...

LAURA Annars vad? Vi ska sluta nu! Men tänk noga på vad du gör och beslutar! Och gör dig framför allt inte löjlig!

RYTTMÄSTARN Jag finner allt detta ytterst sorgligt!

LAURA Desto löjligare blir du!

RYTTMÄSTARN Men inte du!

LAURA Nej, så klokt har vi fått det ställt.

RYTTMÄSTARN Det är därför man inte kan strida med er.

LAURA Varför inlåter du dig i strid med en överlägsen fiende.

RYTTMÄSTARN Överlägsen?

LAURA Ja! Eget är det, men jag har aldrig kunnat se på en man, utan att känna mig överlägsen.

RYTTMÄSTARN Nå, då skall du få se din överman en gång, så du aldrig glömmer det.

LAURA Det skall bli intressant.

AMMAN *in* Bordet är serverat. Behagar inte herrskapet stiga ut och spisa?

LAURA Jo gärna!

RYTTMÄSTARN *dröjer; sätter sig i en fåtölj vid divanbordet.*

LAURA Ska du komma och äta kväll?

RYTTMÄSTARN Nej, tack, jag vill ingenting ha!

LAURA Va! Är du ledsen?

RYTTMÄSTARN Nej, men jag är inte hungrig.

LAURA Kom nu, annars ska man göra frågor som - äro onödiga! - Var snäll nu! - Du vill inte, så sitt där då! *Går.*

AMMAN Herr Adolf! Vad är det här för slag?

RYTTMÄSTARN Jag vet inte vad det är. Kan du förklara mig hur ni kan behandla en gammal man som om han vore ett barn!

AMMAN Inte förstår jag det, men det är väl därför att ni äro kvinnors barn alla män, stora som små...

RYTTMÄSTARN Men ingen kvinna är av man född. Ja, men jag är ju Berthas far. Säg, Margret, tror du inte det? Tror du inte?

AMMAN Å gud, vad han är barnslig. Visst är han väl sitt eget barns far. Kom och ät nu, och sitt inte där och sura! Så! Så, kom nu bara!

RYTTMÄSTARN *stiger upp* Gå ut kvinna! Åt helvete häxor! *Till tamburdörren. Svärd! Svärd!*
KALFAKTORN *in* Herr ryttmästarn!
RYTTMÄSTARN Låt sätta för kappsläden, genast!
AMMAN Herr ryttmästarn! Hör nu på...
RYTTMÄSTARN Ut kvinna! Genast!
AMMAN Bevara oss gud, vad skall nu bli av?
RYTTMÄSTARN *tar på sig mössan och rustar att gå ut* Vänta mig icke hem före midnatt! *Går.*
AMMAN Jesus hjälp oss, vad skall detta bli av?

ANDRA AKTEN
Samma dekoration som förra akten. Lampan brinner på bordet; det är natt.

FÖRSTA SCENEN
Doktorn. Laura.

DOKTORN Efter vad jag av vårt samtal kunde finna, så är saken ännu icke mig fullt bevisad. Ni hade för det första begått ett misstag, då ni sade att han kommit till dessa förvånande resultat om andra himlakroppar genom ett mikroskop. När jag nu fått höra att det var ett spektroskop, så är han icke allenast friad från misstanken om sinnesrubbning, utan även i hög grad förtjänt om vetenskapen.
LAURA Ja, men det sa jag aldrig!
DOKTORN Min fru, jag antecknade vårt samtal och jag erinrar mig att jag frågade om själva huvudpunkten, emedan jag trodde mig hört orätt. Man måste vara samvetsgrann i sådana anklagelser, som gälla en mans omyndighetsförklaring.
LAURA Omyndighets-förklaring.
DOKTORN Jo, det vet ni väl att en avita person förlorar sina medborgerliga och familje-rättigheter.
LAURA Nej, det visste jag inte.
DOKTOR Vidare fanns en punkt, som synes mig misstänkt. Han talade om att hans brevväxling med bokhandlarne förblivit obesvarad. Tillåt mig fråga om ni av oförståndig välvilja avbrutit den.
LAURA Ja, det har jag. Men det var min plikt att bevaka husets intressen, och jag kunde icke opåtalt låta honom ruinera oss alla.

DOKTORN Förlåt mig, men jag tror ni icke kunnat beräkna
följderna av en sådan handling. Kommer han att upptäcka ert dolda
ingripande i hans görande, så är hans misstänksamhet grundad, och
sedan växer den som en lavin. Dessutom har ni därigenom satt
spärrhakar på hans vilja och ytterligare retat hans otålighet. Ni har väl
själv känt hur det river i själen, när ens varmaste önskningar
motarbetas, när ens vilja stäckes.

LAURA Om jag har känt det?

DOKTORN Nå, döm då om huru han skall ha erfarit det.

LAURA *reser sig* Det är midnatt och han har inte kommit hem. Nu
kan man frukta det värsta.

DOKTORN Men säg min fru, vad hände då i kväll sedan jag gick;
jag måste veta allt.

LAURA Han fantiserade och hade besynnerliga idéer. Kan ni tänka
er sådana infall som det att han icke är far till sitt eget barn.

DOKTORN Det var egendomligt. Men hur kom han på den
tanken?

LAURA Jag vet inte alls, om inte det var att han hade ett förhör med
en av karlarne i en barnuppfostringsfråga, och när jag tog flickan i
försvar, förivrade han sig och sade att ingen kunde säga vem som är
far till ett barn. Gud ska veta att jag gjorde allt för att lugna honom,
men nu tror jag ingen hjälp mer finns. *Gråter.*

DOKTORN Men detta kan inte få fortgå; här måste något göras,
utan att man väcker hans misstänksamhet likväl. Säg mig, har
ryttmästarn förr haft sådan griller?

LAURA För sex år sedan var det samma förhållande, och då erkände
han själv, ja, i ett eget brev till läkaren till och med, att han fruktade
för sitt förstånd.

DOKTORN Ja, ja, ja, det här är en historia, som har djupa rötter,
och familjelivets helgd - och det där - jag kan inte fråga om allt, utan
måste hålla mig till det som syns. Det gjorda kan inte göras ogjort
tyvärr, och kuren skulle dock ha applicerats på det gjorda.
- Var tror ni han är nu?

LAURA Det har jag ingen aning om. Men han har nu så vilda infall.

DOKTORN Vill ni att jag skall avvakta hans återkomst? Jag kunde
ju för att undvika hans misstankar säga att jag besökt er fru mor, som
varit opasslig.

LAURA Ja, det går mycket bra! Men lämna oss inte, herr doktorn;
om ni visste hur orolig jag är. Men vore det icke bättre att säga

honom rent ut vad ni tänker om hans tillstånd.

DOKTORN Det säger man aldrig åt sinnessjuka, förrän de själva talar om ämnet, och endast undantagsvis då. Det beror alldeles på vad vändning saken tar. Men här ska vi inte sitta då; kanske jag får draga mig in i rummet bredvid, så ser det mindre gjort ut.

LAURA Ja, det är bättre, så kan Margret sitta här. Hon brukar alltid vaka, när han är borta och hon är den enda son har någon makt med honom. *Går till vänstra dörren.* Margret! Margret!

AMMAN Vad vill frun mig! Är herrn hemma?

LAURA Nej, men du ska sitta här och vänta på honom; och när han kommer, skall du säga att min mor är sjuk och att doktorn är här därför.

AMMAN Ja, ja; jag skall se till att allt blir bra.

LAURA *öppnar dörren åt våningen* Vill doktorn vara god och stiga in.

DOKTORN Min fru!

ANDRA SCENEN

AMMAN *vid bordet; tar upp en psalmbok och glasögon.* Ja, ja! Ja, ja! *Läser halvhögt.*

Ett jämmerligt och usel ting
är livet, och tar snarligt slut.
Dödsängeln svävar alltomkring
och över världen ropar ut:
Fåfänglighet, Förgänglighet!

Ja, ja! Ja, ja!

Allt som på jorden anda har
till jorden faller för hans glav
och sorgen ensam lever kvar
att rista på den vida grav:
Fåfänglighet, Förgänglighet!

Ja, ja!

BERTHA *har kommit in med en kaffepanna och ett broderi; talar tyst*

60

Margret, får jag sitta hos dig? Det är så hemskt däruppe!

AMMAN Å min skapare; är Bertha oppe än?

BERTHA Jag måste sy på pappas julklapp, ser du. Och här har jag något gott åt dig!

AMMAN Ja, men kära hjärtans; det går inte an; Bertha ska ju opp i morgon; och klockan är över tolv.

BERTHA Nå vad gör det. Jag törs inte sitta ensam däruppe, för jag tror det spökar.

AMMAN Se där; vad sa jag. Ja, ni ska få sanna mina ord, i det här huset är ingen god tomte. Vad hörde Bertha för slag?

BERTHA Ah, vet du jag hörde en som sjöng uppe på vind.

AMMAN På vind! Så här dags!

BERTHA Ja, det var en sorglig, så sorglig sång, som jag aldrig hört. Och den lät som om den kom från vindskontoret, där vaggan står, du vet till vänster...

AMMAN Oj, oj, oj! Och ett sådant herrans väder denna natt. Jag tror att skorstenarne ska blåsa ner. " Ack, vad är dock livet här? - Jämmer, plåga, stort besvär. - När som bäst det varit har. - Vedermöda blott det var." - Ja kära barn, gud give oss en god jul!

BERTHA Margret, är det sant att pappa är sjuk?

AMMAN Ja, nog är han det!

BERTHA Då får vi inte fira julafton. Men hur kan han vara uppe, när han är sjuk.

AMMAN Jo mitt barn, han har en sådan sjukdom att han kan vara uppe. Tyst, det går där ute i farstun. Gå och lägg sig nu och ta ut pannan; annars blir herrn ond.

BERTHA *går ut med brickan* God natt Margret!

AMMAN God natt mitt barn, Gud välsigne dig!

TREDJE SCENEN
Amman. Ryttmästarn.

RYTTMÄSTARN *tar av sig överplaggen* Är du uppe ännu? Gå och lägg dig!

AMMAN Ack jag ville bara vänta...

RYTTMÄSTARN *tänder ett ljus; öppnarchiffonjéklaffen; sätter sig vid detsamma och tar upp ur fickan brev och tidningar.*

AMMAN Herr Adolf!

RYTTMÄSTARN Vad vill du mig!

AMMAN Gamla frun är sjuk. Och doktorn är här!

RYTTMÄSTARN Är det farligt?

AMMAN Nej, det tror jag inte. Det är bara en förkylning.

RYTTMÄSTARN *stiger upp* Vem var far till ditt barn, Margret?

AMMAN Ah, det har jag ju talt om så många gånger, att det var ju den slarven Johansson.

RYTTMÄSTARN Är du säker på att det var han?

AMMAN Nej, men så barnsligt; visst är jag säker på det, när han var ensam.

RYTTMÄSTARN Ja, men var han säker på att han var ensam? Nej, det kunde han inte vara, men du kunde vara säker på det. Ser du det är skillnad på det.

AMMAN Nej, jag ser ingen skillnad på det.

RYTTMÄSTARN Nej, du kan inte se det, men skillnaden är där ändå! *Bläddrar i ett fotografialbum på bordet.* Tycker du att Bertha är lik mig? *Betraktar ett porträtt i albumet.*

AMMAN Ja då, som ett bär!

RYTTMÄSTARN Erkände Johansson att han var fadren?

AMMAN Å, han var väl så tvungen.

RYTTMÄSTARN Det är förfärligt! - Där är doktorn!

FJÄRDE SCENEN
Ryttmästarn. Amman. Doktorn.

RYTTMÄSTARN God afton, doktorn. Hur är det med min svärmor?

DOKTORN Jo, det är ingenting farligt; det är bara en lindrig vrickning i vänstra foten.

RYTTMÄSTARN Jag tyckte Margret sa att det var en förkylning. Det tycks vara olika uppfattningar av saken. Gå och lägg dig Margret!

AMMAN *går. Paus.*

RYTTMÄSTARN Var så god och sitt herr doktor.

DOKTORN *sätter sig* Tackar!

RYTTMÄSTARN Är det sant att man får randiga föl om man korsar en zebra och ett sto?

DOKTORN *förvånad* Fullkomligt riktigt!

RYTTMÄSTARN Är det sant att de följande fölen också blir

randiga, om man fortsätter avlen med en hingst?

DOKTORN Ja, det är också sant.

RYTTMÄSTARN Alltså kan under vissa förutsättningar en hingst vara far till randiga föl, och tvärtom?

DOKTORN Ja! Så synes det.

RYTTMÄSTARN Det vill säga: avkommans likhet med fadern bevisar ingenting.

DOKTORN Å...

RYTTMÄSTARN Det vill säga: faderskapet kan icke bevisas.

DOKTORN Å - hå...

RYTTMÄSTARN Ni är änkling och har haft barn?

DOKTORN Ja - a...

RYTTMÄSTARN Kände ni er inte löjlig ibland som far. Jag vet ingenting så komiskt som att se en far gå och leda sitt barn på gatan, eller när jag hör en far tala om sina barn. " Min hustrus barn ", skulle han säga. Kände ni aldrig det falska i er ställning, hade ni aldrig några anfäktelser av tvivel, jag vill inte säga misstankar, för jag antar som gentleman att er hustru stod över misstankar?

DOKTORN Nej, det hade jag verkligen aldrig, men se herr ryttmästarn, sina barn får man ta på god tro, säger Goethe, tror jag.

RYTTMÄSTARN God tro, när det gäller en kvinna? Det är riskabelt.

DOKTORN Ah, det finns så många slags kvinnor.

RYTTMÄSTARN Nyare forskningar ha givit vid handen att det bara finns ett slag! - När jag var ung, var jag stark och - med skryt - vacker. Jag erinrar mig nu bara två ögonblicks impressioner, som senare har väckt mina farhågor. Jag reste sålunda ena gången på en ångbåt. Vi satt i försalongen några vänner. Mitt emot mig kom den unga restauratrisen och satte sig förgråten att hennes fästman förlist. Vi beklagade henne och jag tog in champange. Efter andra glaset vidrörde jag hennes fot; efter fjärde hennes knä, och innan morgonen hade jag tröstat henne.

DOKTORN Det var bara en vinterfluga det!

RYTTMÄSTARN Nu kommer den andra och det var en sommarfluga. Jag var i Lysekil. Där var en ung fru., som hade sina barn med sig, men mannen var i stan. Hon var religiös, hade ytterst stränga principer, predikade moral för mig, var komplett hederlig, som jag tror. jag lånade henne en bok, två böcker; när hon skulle resa, lämnade hon, ovanligt nog, igen böckerna. Tre månader senare hittade jag i samma böcker ett visitkort med en tämligen tydlig förklaring. Den var oskyldig, så oskyldig en kärleksförklaring från en gift kvinnas sida kan vara till en främmande herre, som aldrig gjorde några avancer. Nu kommer sens - moralen. Tro inte för mycket bara!

DOKTORN Tro inte för lite heller!

RYTTMÄSTARN Nej, lagom! Men ser ni, doktorn, den kvinnan var så omedvetet skurkaktig att hon talar om för sin man att hon svärmade för mig. Det är just detta som är faran, att de äro omedvetna om sin instinktiva skurkaktighet. Detta är förmildande omständigheter, men kunna icke upphäva domen, bara mildra den!

DOKTORN Herr ryttmästare, era tankar gå i en sjuklig riktning och ni skulle taga vara på den.

RYTTMÄSTARN Ni ska inte begagna ordet sjuklig. Ser ni, alla ångpannor explodera när manometern visar 100, men 100 är inte det samma för alla pannor; förstår ni? Emellertid, ni är här för att bevaka mig. Om jag nu icke vore man, skulle jag ha rättighet att anklaga, eller beklaga, som det så slugt kallas, och jag kanske skulle kunna ge er hela diagnosen, och vad mer än sjukdomshistorien, men nu är jag tyvärr en man, och jag har bara som romaren att lägga armarna i kors över bröstet och hålla andan tills jag dör. God natt!

DOKTORN Herr ryttmästare! Om ni är sjuk, går det ej er manliga ära för när att säga mig allt. Jag måste även höra andra parten!

RYTTMÄSTARN Ni har haft nog att höra den ena, förmodar jag.

DOKTORN Nej, herr ryttmästare. Och ni vet att när jag hörde fru Alving liktala sin döda man, så tänkte jag för mig själv: förbannat synd att karlen ska vara död!

RYTTMÄSTARN Tror ni då att han skulle talat, om han levat! Och tror ni att om någon av de döda männen stego upp, att han skulle bli trodd? God natt, herr doktor! Ni hör jag är lugn, och ni kan tryggt gå och lägga er!

DOKTORN God natt då, ryttmästarn. Den här saken kan jga icke längre ta någon befattning med.

RYTTMÄSTARN Ä vi ovänner?

DOKTORN Långt därifrån. Skada bara att vi inte får vara vänner! God natt. *Går.*

RYTTMÄSTARN *följer Doktorn till fonddörren; därpå går han till vänstra dörren, öppnar den på glänt* Stig in, så får vi tala! Jag hörde att du stod och lyssnade.

FEMTE SCENEN
Laura in förlägen. Ryttmästarn sätter sig vid chiffonjéklaffen.

RYTTMÄSTARN Det är sent på natten, men vi måste tala till
punkt. Sitt ner! *Paus.* Jag har varit på postkontoret ikväll och hämtat
brev! Av dessa framgår att du undanhållit både avgående och
ankommande brev. Följden därav har närmast blivit att tidspillan
förstört det väntade resultatet av mitt arbete.
LAURA Det var välvilja från min sida, ty du försummade din tjänst
för det andra arbetet.
RYTTMÄSTARN Det var nog icke välvilja, ty du hade haft visshet
om, att jag en dag skulle vinna mera ära på det andra än på min
tjänst, och du ville framför allt icke att jag skulle vinna någon ära,
emedan det tryckte din obetydlighet. Därpå har jag uppfångat brev
ställda till dig.
LAURA Det var nobelt gjort.
RYTTMÄSTARN Ser du, du har högre tankar om mig, som det
kallas. Av dessa framgångar att du en längre tid samlat alla mina
fordna vänner emot mig genom att underhålla ett rykte om mitt
sinnestillstånd. Och du har lyckats i dina bemödanden, ty nu finns
det inte mer än en enda som tror mig vara klok, från chefen ner till
köksan. Nu förhåller det sig med min sjukdom på detta sätt: mitt
förstånd är orubbat, som du vet, så att jag både kan sköta min tjänst
och mina åtligganden som far, mina känslor har jag ännu något i min
makt, så länge viljan är tämligen oskadad; men du har gnagt och
gnagt på den att den snart släpper kuggarne och då surrar hela
urverket opp baklänges. Jag vill inte vädja till dina känslor, ty sådana
saknar du, det är din styrka, utan jag vädjar till ditt intresse.
LAURA Låt höra?
RYTTMÄSTARN Du har genom ditt uppförande lyckats väcka min
misstänksamhet, så att mitt omdöme snart är grumlat, och mina
tankar börja gå vilse. Detta är det annalkande vanvettet, som du
väntar på och som kan komma när som helst. Nu uppstår den frågan
för dig: har du mera intresse av att jag förblir frisk än icke frisk! Tänk
efter! Faller jag ihop, så mister jag tjänsten, och då står ni där. Dör jag
utfaller min livsförsäkring till er. Men, skulle jag avhända mig livet
får ni ingenting. Du har sålunda mitt intresse av att jag lever mitt liv
ut.
LAURA Skulle detta vara en snara?

RYTTMÄSTARN Ja visst! Beror på dig att gå omkring den eller sticka in huvet.

LAURA Du säger att du dödar dig! Det gör du inte!

RYTTMÄSTARN Är du säker! Tror du att en man kan leva när han ingen har att leva för?

LAURA Du kapitulerar alltså?

RYTTMÄSTARN Nej, jag föreslår fred.

LAURA Villkoren?

RYTTMÄSTARN Att jag får behålla mitt förnuft. Befria mig från mina misstankar och jag ger upp striden.

LAURA Vilka misstankar?

RYTTMÄSTARN Om Berthas börd?

LAURA Finns det några misstankar om den saken?

RYTTMÄSTARN Ja, hos mig finns det sådana; och dem har du väckt.

LAURA Jag?

RYTTMÄSTARN Ja, du har drupit dem som bolmörtsdroppar i mitt öra, och omständigheterna har givit växt åt dem. Befria mig från ovissheten, säg rent ut: så är det, och jag förlåter dig i förväg.

LAURA Jag kan väl inte påtaga mig en skuld som jag ej har.

RYTTMÄSTARN Vad gör det dig, då du har säkert att jag ej yppar det. Tror du att en man skulle gå och basuna ut sin skam.

LAURA Om jag säger att så inte är,så får du icke visshet, men om jag säger att så är, då får du visshet. Du önskar således att så vore.

RYTTMÄSTARN Underligt är det, men det är väl därför att det förra fallet ej kan bevisas, endast det senare.

LAURA Har du några anledningar till dina misstankar?

RYTTMÄSTARN Ja och nej!

LAURA Jag tror att du önskar få skuld på mig, så att du kan avskeda mig och sedan få bli ensam herre över barnet. Men mig fångar du inte med de snarorna.

RYTTMÄSTARN Tror du att jag vill åtaga mig en annans barn och jag finge visshet om din skuld.

LAURA Nej, det är jag övertygad om, och därför inser jag att du ljög nyss, då du gav mig din förlåtelse i förväg.

RYTTMÄSTARN *stiger upp* Laura, rädda mig och mitt förstånd. Du förstår inte vad jag säger. Om barnet icke är mitt, så har jag inga rättigheter och vill inga ha över det, och det är ju endast det du vill. Icke så? Kanske det är mera du vill, annat? Du vill ha makten över

66

barnet, men ha mig kvar som försörjare?

LAURA Makten, ja. Vad har hela denna strid på liv och död annat än makten?

RYTTMÄSTARN För mig, som icke tror på ett kommande liv, var barnet mitt liv efter detta. Det var min evighetstanke, och kanske den enda som har någon motsvarighet i verkligheten. Tar du bort den, så är mitt liv avklippt.

LAURA Varför skildes vi inte i tid?

RYTTMÄSTARN Därför att barnet band oss; men bandet blev en kedja. Och hur blev det det? Hur? Jag har aldrig tänkt över denna sak, men nu stiger minnet upp, anklagande, dömande kanske. Vi hade varit gifta i två år och hade inga barn, du vet bäst varför. Jag föll sjuk och låg för döden. I en feberfri stund hör jag röster utanför i salongen. Det var du och advokaten, som talade om min förmögenhet, som jag då ännu ägde. Han förklarar att du ingeting kan få ärva, efter som vi icke hade några barn, och han frågar dig om du var i grossess. Vad du svarade hörde jag ej. Jag tillfrisknade, och vi fick ett barn. Vem är fadren?

LAURA Du!

RYTTMÄSTARN Nej, det är inte jag! Här ligger ett brott begravet, som börjar dunsta upp. Och vilket helvetets brott! Svarta slavar har ni varit nog ömsinta att befria, men vita har ni kvar. Jag har arbetat och slavat för dig, ditt barn, din mor, dina tjänare; jag har offrat bana och befodran, jag har undergått tortyr, piskning, sömnlöshet, oro för er existens, så att mina hår grånat; allt för att du skulle få det nöjet leva bekymmerslöst och när du åldrades njuta om igen tillvaron av ditt barn. Allt har jag fördragit utan klagan, därför att jag trodde mig vara far till detta barn. Detta är den simplaste form av stöld, det brutalaste slaveri. Jag har haft sjutton års straffarbete och varit oskyldig, vad kan du ge mig igen för det?

LAURA Nu är du fullt vansinnig!

RYTTMÄSTARN *sätter sig* Det är ditt hopp! Och jag har sett hur du arbetat för att dölja ditt brott. Jag har haft medlidande med dig, därför att jag icke förstod din sorg; jag har ofta smekt ditt onda samvete till ro, då jag trodde mig jaga bort en sjuklig tanke; jag har hört dig skrika i sömnen utan att jag ville lyssna. Nu minns jag, den dagen före sista - det var Berthas födelsedag. Klockan var mellan två och tre på morgonen och jag satt uppe och läste. Du skrek som om någon ville kväva dig: "kom inte, kom inte!" Jag bultade i väggen för att - jag inte ville höra mer. Jag har länge haft mina misstankar, men jag vågade ej höra dem bekräftade. Detta har jag lidit för dig, vad vill du göra för mig?

LAURA Vad kan jag göra? Jag skall svära vi Gud och vad allt som är mig heligt att du är far till Bertha.

RYTTMÄSTARN Vad gagnar det, då du förr har sagt att en mor kan och bör begå alla brott för sitt barn. Jag ber dig, vid minnet av det förflutna, jag ber dig som den sårande om en nådastöt: säg mig allt. Ser du icke att jag är hjälplös som ett barn, hör du icke hur jag beklagar mig som inför en mor, vill du icke glömma att jag är en man, att jag är en soldat, som med ett ord kan tämja människor och kreatur; jag begär endast medlidande som en sjuk, jag nedlägger min makts tecken och jag anropar om nåd för mitt liv.

LAURA *har närmat sig honom och lägger sin hand på han panna* Vad! Du gråter, man!

RYTTMÄSTARN Ja, jag gråter, fastän jag är en man. Men har icke en man ögon? Har icke en man händer, lemmar, sinnen, tycken, passioner? Lever han icke av samma föda, såras han icke av samma vapen, värmes han icke och kyles av samma vinter och sommar som en kvinna? Om ni sticker oss, blöda vi icke? Om ni kittlar oss, kikna vi icke? Om ni förgiftar oss, dö vi icke? Varför skulle icke en man få klaga, en soldat få gråta? Därför det är omanligt?

LAURA Gråt du mitt barn, så har du din mor igen hos dig. Minns du att det var som din andra mor jag först inträdde i ditt liv. Din stora starka kropp saknade nerver, och du var ett jättebarn, som antingen kommit för tidigt till världen eller kanske icke var önskad.

RYTTMÄSTARN Ja, så var det nog; mor och far ville icke ha mig och därför föddes jag utan vilja. Jag tyckte därför att jag skarvade mig, när jag och du blevo ett, och därför fick du råda; jag blev, jag, som i kasernen, inför är truppen den befallande, jag var hos dig den lydande, och jag växte vid dig, såg upp till dig som ett högre begåvat väsen, lyssnade till dig som om jag var ditt oförståndiga barn.

LAURA Ja, så var det då, och därföre älskade jag dig som mitt barn. Men vet du, du såg det nog, varje gång dina känslor ändrade natur och du stod fram som min älskare, så blygdes jag, och din omfamning var mig en fröjd, som följdes av samvetsagg såsom om blodet känt skam. Modren blev äskarinna, hu!

RYTTMÄSTARN Jag så det, men förstod det ej. Och när jag trodde mig läsa ditt förakt över min omanlighet ville jag vinna dig som kvinna genom att vara man.

LAURA Ja, men däri låg missstaget. Modren var din vän, ser du, men kvinnan var din fiende, och kärleken mellan könen är strid; och tro inte att jag gav mig; jag gav ej, utan jag tog - vad jag ville ha. Men du hade ett övertag, som jag kände och som jag ville du skulle känna.

RYTTMÄSTARN Du hade alltid övertaget; du kunde hypnotisera mig vaken, så att jag varken såg eller hörde, utan bara lydde; du kunde ge mig en rå potatis och inbilla mig att det var en persika; du kunde tvinga mig att beundra dina enfaldiga infall såsom genialiteter; du kunde förmått mig till brott, ja till lumpna handlingar. Ty du saknade förståndet, och i stället för att bli verkställaren av mina råd, handlade du efter ditt eget huvud. Men när jag sedan vaknade till eftertanke och kände min ära kränkt, ville jag utplåna den genom en stor handling, en bedrift, en upptäckt eller ett hederligt självmord. Jag ville gå ut i kriget, men fick ej. Det är då jag kastar mig på vetenskapen. Nu, då jag skulle räcka ut handen för att ta emot frukten, så hugger du av armen, Nu är jag ärelös och kan inte leva längre, ty en man kan icke leva utan ära.

LAURA Men en kvinna?

RYTTMÄSTARN Ja, ty hon har sina barn, men det har inte han. - Men vi och de andra människorna levde fram våra liv, omedvetna som barn, fulla av inbillningar, ideal och illusioner, och så vaknade vi; det gick an, men vi vaknade med fötterna på huvudgärden, och den som väckte oss var själv en sömngångare. När kvinnor blir gamla och upphört vara kvinnor, få de skägg på hakan, jag undrar vad män få, när de blir gamla och upphört vara män? De som gåvo hanegället voro icke längre hanar utan kupuner, och poularderna svarade på locket, så att när solen skulle gå upp, så befunno vi oss sittande i fullt månsken med ruiner, alldeles som i den gamla goda tiden. Det hade bara varit en liten morgonlur med vilda drömmar, och det var icke något uppvaknande.

LAURA Du skulle ha blivit författare, vet du!

RYTTMÄSTARN Vem vet!

LAURA Nu är jag sömnig, har du några mer fantasier, så spar dem till i morgon.

RYTTMÄSTARN Först ett ord till om verkligheter. Hatar du mig?

LAURA Ja, ibland! När du är man.

RYTTMÄSTARN Det är som ras-hat detta. Är det sant att vi härstamma från apan, så måtte det åtminstone ha varit från två arter.

Vi äro ju inte lika varann?

LAURA Vad vill du säga med allt detta?

RYTTMÄSTARN Jag känner att i denna strid en av oss måste gå under.

LAURA Vem?

RYTTMÄSTARN Den svagaste naturligtvis!

LAURA Och den starkare har rätt?

RYTTMÄSTARN Alltid rätt efter som han har makt!

LAURA Då har jag rätt.

RYTTMÄSTARN Har du redan makten då?

LAURA Ja, och en laglig, när jag imorgon ställer dig under förmyndare.

RYTTMÄSTARN Under förmyndare?

LAURA Ja! Och sedan uppfostrar jag mitt barn själv utan att höra på dina visioner.

RYTTMÄSTARN Och vem skall bestå uppfostran, när jag icke mer finns?

LAURA Din pension!

RYTTMÄSTARN *går imot henne hotande* Hur kan du få mig under förmyndare?

LAURA *tar fram ett brev* På detta brev, som i bevittnad avskrift ligger på förmyndarkammaren.

RYTTMÄSTARN Vilket brev?

LAURA *drar sig baklänges mot vänstra dörren* Ditt! Din förklaring till läkaren att du är vansinnig!

RYTTMÄSTARN *betraktar henne stum.*

LAURA Nu har du uppfyllt din bestämmelse som en tyvärr nödvändig far och försörjare. Du behövs inte mer, och du får gå. Du får gå sedan du insett att mitt förstånd var lika starkt som min vilja, efter som du icke ville stanna och erkänna det!

RYTTMÄSTARN *går till bordet; tar den brinnande lampan och kastar den mot Laura, som dragit sig ut baklänges genom dörren.*

TREDJE AKTEN

Samma dekoration som förra akten. Men en annan lampa.
Tapetdörren är barrikaderad med en stol.

FÖRSTA SCENEN
Laura. Amman.

LAURA Har du fått nycklarna?
AMMAN Fått dem? Nej, Gud hjälpe det, men jag tog ur herrns kläder som Nöjd hade ut till borstning.
LAURA Det är således Nöjd, som har jouren i dag.
AMMAN Ja, det är Nöjd själv!
LAURA Ge mig nycklarna!
AMMAN Ja, men det är rentav som att stjäla. Hör frun hans steg däruppe. Fram och tillbaks, fram och tillbaks.
LAURA Är dörrn väl stängd?
AMMAN Ja då, nog är den väl stängd!
LAURA *öppnar chiffonjén och sätter sig vid klaffen* Lägg band på dina känslor, Margret. Här gäller att med lugn försöka rädda oss alla. *Det knackar.* Vem är det?
AMMAN *öppnar dörren till farstun* Det är Nöjd.
LAURA Låt honom komma in!
NÖJD *in* Depesch från översten!
LAURA Tag hit! *Läser.* Så! - Nöjd, har du tagit ut alla patronerna, som fanns i gevär och väskor?
NÖJD Det är gjort efter befallning!
LAURA Vänta då därute, tills jag besvarat överstens brev!
NÖJD *går.* LAURA *skriver.*
AMMAN Hör frun! Vad tar han sig nu till däruppe!
LAURA Tyst när jag skriver!
Man hör ljudet av en såg.
AMMAN *halvhögt för sig själv* Å, Gud oss hjälpe alla nådeligen! Var skall detta sluta?
LAURA Se där; lämna det åt Nöjd! Och min mor får ingenting veta om allt detta! Hör du det!
AMMAN *går till dörren.* LAURA *drar upp lådor i chiffonjéklaffen och tar fram papper.*

ANDRA SCENEN

Laura. Pastorn tar en stol och sätter sig bredvid Laura i chiffonjén.

PASTORN God afton, syster. Jag har varit borta hela dagen som du hört och kom nu först. Här har timat svåra saker.

LAURA Ja, broder, en sådan natt och en sådan dag har jag aldrig upplevt förr.

PASTORN Nå, Nå, jag ser att du inte tog någon skada i alla händelser.

LAURA Nej, gud vare lov, men tänk vad som kunnat inträffa.

PASTORN Men säg mig en sak, hur började det. Jag har nu hört så många olika berättelser.

LAURA Det började med hans vilda fantasier om att han inte var far till Bertha, och slutade med att han kastade den brinnande lampan mot mitt ansikte.

PASTORN Det är ju förfärligt! Det är ju fullt utbildat vanvett. Vad skall nu göras?

LAURA Vi måste söka hindra nya våldsamheter, och doktorn har skickat efter en tvångströja från hospitalet. Under tiden har jag sänt bud till översten och söker sätta mig in i husets affärer, som han skött på ett klandervärt sätt.

PASTORN Det var en bedrövlig historia, men jag har alltid väntat mig något sådant. Eld och vatten ska sluta med explosion! Vad har du där för något i lådan?

LAURA *har dragit ut en låda ur klaffen* Se, här har han gömt allting!

PASTORN *letar i lådan* Herre Gud! Där har du din docka; och där din dopmössa; och Berthas skallra; och dina brev; och medaljongen... *Torkar sig i ögonen.* Han måtte allt ha hållit dig bra kär, ändå, Laura. Sånt där har inte jag gömt på!

LAURA Jag tror att han hade mig kär förr, men tiden, tiden ändrar så mycket!

PASTORN Vad är det för ett stort papper? - Gravbrevet! - Ja, hellre graven då än hospitalet! Laura! Säg mig; har du ingen skuld alls i detta?

LAURA Jag? Vad skulle jag ha för skuld i att en människa blir vansinnig?

PASTORN Ja-ja! Jag ska inte säga någonting! Blodet är ändå tjockare än vattnet!

LAURA Vad tar du dig friheten att mena?

PASTORN *fixerar henne* Hör du!

LAURA Vad?

PASTORN Hör du! Du kan väl icke neka ändå att det är överensstämmande med dina önskningar detta att du får uppfostra ditt barn själv.

LAURA Jag förstår inte!

PASTORN Vad jag beundrar dig!

LAURA Mig! Hm!

PASTORN Och jag blir förmyndare för den där fritänkarn! Vet du, jag har alltid betraktat honom som ett ogräs i vår åker!

LAURA *med ett kort kvävt skratt; därpå hastigt allvarsam* Och detta vågar du säga mig hans hustru!

PASTORN Du är mig stark, Laura! Otroligt stark! Som en räv i saxen: biter du hellre av dig ditt eget ben än du låter fånga dig! - Som en mästertjuv: ingen medbrottsling, icke ens ditt eget samvete! - Se dig i spegeln! Det törs du inte!

LAURA Jag begagnar aldrig spegel!

PASTORN Nej, du törs inte! - Får se på din hand! - Inte en förrådande blodfläck, inte ett spår av det lömska giftet! Ett litet oskyldigt mord, som icke kan åtkommas av lagen; ett omedvetet brott; omedvetet? Det är en vacker uppfinning! Hör du hur han arbetar däruppe! - Akta dig; om den mannen slipper lös, så sågar han dig mellan två plankor!

LAURA Du pratar så mycket, som om du hade ont samvete! - Anklaga mig; om du kan!

PASTORN Det kan jag inte!

LAURA Ser du! Du kan inte, och därför är jag oskyldig! - Tag nu reda på din myndling, så skall jag sköta min! - Där är doktorn!

TREDJE SCENEN
De förrre. Doktorn.

LAURA *upp* Välkommen, herr doktor. Ni vill ju åtminstone hjälpa mig. Inte sant? Och här är tyvärr icke mycket att göra. Hör ni, så han far fram däruppe! Är ni nu övertygad?

DOKTORN Jag är övertygad om att en våldhandling är begången, men nu är det frågan, om våldshandlingen skall anses som ett utbrott av vrede eller vanvett!

PASTORN Men frånse själva utbrottet och erkänn att hans idéer voro fixa.

DOKTORN Jag tror att era idéer, herr pastor, äro ändå fixare!

PASTORN Mina stadgade åsikter om de högsta tingen...

DOKTORN Vi lämna åsikterna! - Min fru, det beror av er om ni vill finna er man skyldig till fängelse och böter eller till hospitalet! Vad anser ni om ryttmästarens beteende?

LAURA Jag kan inte svara på det nu!

DOKTORN Ni har sålunda ingen stadgad åsikt om vad som är förmånligast för familjens intressen? Vad säger herr pastorn?

PASTORN Ja, det blir skandal i båda fallen... det är inte gott att säga.

LAURA Men om han endast blir dömd till böter för våld, så kan han förnya våldet.

DOKTORN Och kommer han i fängelse slipper han snart ut igen. Alltså anse vi förmånligast för alla parter att han genast behandlas som vansinnig. - Var är amman?

LAURA Hur så?

DOKTORN Hon skall lägga tvångströjan på den sjuke, när jag samtalat vid honom och givit order! Men inte förr! Jag har - plagget därute! *Går ut i tamburen och kommer in med ett stort knyte.* Var god och bed amman komma in!

LAURA *ringer.*

PASTORN Gruvligt, gruvligt!

AMMAN *in.*

DOKTORN *tar fram tröjan* Se på nu här! Den här tröjan är meningen att ni skall smyga på ryttmästarn bakifrån, när jag finner behovet påkallat, för att hindra våldsamma utbrott. Som ni ser har den överdrivet långa ärmaar, därför att de skola hindra hans rörelser. Och man knyter dem på ryggen. Här gå två remmar genom söljor, som ni sedan gör fast vid stolkarmen eller soffan allt efter som det lämpar sig. Vill ni det?

AMMAN Nej, herr doktor, det kan jag inte; jag kan inte.

LAURA Varför gör ni det inte själv, herr doktor?

DOKTORN Därför att den sjuke misstror mig. Ni, min fru, skulle vara närmast till det, men jag fruktar att han även misstror er

LAURA *min.*

DOKTORN Kanske ni herr pastor...
PASTORN Nej, jag skall undanbe mig!

FJÄRDE SCENEN
De förre. Nöjd.

LAURA Har du redan lämnat depeschen?
NÖJD Efter befallning!
DOKTORN Jaså, det är du Nöjd! Du känner förhållandena och vet
att ryttmästaren är sinnessjuk. Du måste hjälpa oss här och sköta den
sjuke.
NÖJD Om jag kan göra något för ryttmästarn, så vet han att jag gör
det!
DOKTORN Du skall lägga den här tröjan över honom...
AMMAN Nej, han får inte röra honom; Nöjd får inte göra honom
illa. Då ska jag hellre göra det så vakert, så vackert! Men nöjd kan ju
stå utanför och hjälpa mig, om det behövs...
ja, det ska han göra. *Det bultar på tapetdörren.*
DOKTORN Han är där! Lägg tröjan under er schal på stolen, och gå
ut alla så länge, ska jag och pastorn ta emot honom, för den dörren
håller inte många minuter. - Så, ut!
AMMAN *ut till vänster* Herre Jesus hjälp!
LAURA *stänger chiffonjén; därpå ut till vänster.* NÖJD *ut i fonden.*

FEMTE SCENEN
Tapetdörren slås upp så att stolen kastas fram på golvet och låset
lossnar. Ryttmästarn kommer ut med en trave böcker under armen.
Doktorn och Pastorn.

RYTTMÄSTARN *lägger böckerna på bordet* Här står alltsammans att
läsa och i alla böckerna. Jag var alltså inte tokig! Här står i Odyssén
första sången 215, sidan 6 i Uppsalaöversättningen. Det är Telemakos
som talar till Athene. "Väl påstår min moder att han, här lika med
Odysséus, är min fader; men icke vet jag det själv, ty ingen ännu själv
kände sin härkomst." Och denna misstanke hyser Telemakos om
Penelope, den dygdigaste av kvinnor. Det är skönt! Va! Här har vi
profeten Hezekiel: "Dåren säger: se här är min fader, men ho kan
veta vilkens länder haver honom avlat."

Det är klart! Vad har jag här för slag? Ryska litteraturens historia av Mersläkow. Alexander Puschkin, Rysslands störste skald, dog ihjälpinad av utspridda rykten sin hustrus otrohet mera än av den kula han i en duell mottog i bröstet. På dödsbädden svor han att hon var oskyldig. Åsna! åsna! Hur kunde han svära på det? Nu hör ni emellertid att jag läser mina böcker! - Nej, se Jonas, är du här! Och doktorn, naturligtvis! Har ni hört vad jag svarade en engelsk dam, som beklagade sig över att irländare bruka kasta brinnande fotogenlampor i ansiktet på sina hustrur? - Gud, vilka kvinnor, sa jag - Kvinnor? läspade hon! - Ja, naturligtvis! svarade jag. När det går så långt att en man, en man som älskat och tillbett en kvinna, går och tar en brinnande lampa och slår i ansiktet på henne, då kan man veta?!

PASTORN Vad kan man veta?

RYTTMÄSTARN Ingenting! Man vet aldrig någonting, man tror bara, inte sant Jonas? Man tror, så blir man salig! Jo, det blev man! Nej, jag vet att man kan bli osalig på sin tro! Det vet jag.

DOKTORN Herr ryttmästarn!

RYTTMÄSTARN Tyst! Jag vill inte tala med er; jag vill inte höra er telefonera vad man pratar därinne! Därinne! Ni vet! - Hör du Jonas, tror du att du är far till dina barn? Jag minns att ni hade en informator i huset, som var fager under ögonbrynen och som folket pratade om.

PASTORN Adolf! Akta dig!

RYTTMÄSTARN Känn efter under peruken, får du känna om det inte sitter två knölar där. Min själ tror jag inte han bleknar! Ja-ja, de prata bara, men herre gud, de prata ju så mycket. Men vi ä allt ena löjliga kanaljer ändå vi äkta män. Inte sant herr doktor? Hur står det till med er äkta soffa? Hade ni inte en löjtnant i huset, vad? Vänta nu ska jag gissa? Han hette... *Viskar doktorn i örat.*
Se ni, han blekna också! Bli inte ledsen nu. Hon är ju död och begraven, och det som är gjort kan inte göras om! Jag kände honom emellertid och han är nu - - - se på mig doktor! - Nej, mitt i ögona - major på dragonerna! Vid gud tror jag inte att han har horn också!

DOKTORN *plågad* Herr ryttmästare, vill ni tala om andra saker!

RYTTMÄSTARN Ser ni! Han vill genast tala om andra saker, när jag vill tala om horn!

PASTORN Vet du min bror, att du är sinnesjuk.

RYTTMÄSTARN Ja, det vet jag väl. Men fick jag behandla era

krönta hjärnor en rum tid, så skulle jag snart få spärra in er också! Jag är vansinnig, men hur blev jag det? Det rör inte er, och det rör inte någon! Vill ni nu tala om något annat. *Tar fotografialbumet från bordet.*

Herre Jesus, där är mitt barn! Mitt? Vi kan ju inte veta det? Vet ni vad vi ska göra därför, för att man ska kunna veta det? Först viger man sig för att på socialt anseende; sen skiljer man sig strax efter; och blir älskare och älskarinna; och så adopterar man barnen. Då kan man åtminstone vara säker om att det är ens adoptivbarn? Det är ju rätt? Men vad hjälper allt detta mig nu? Vad hjälper mig nu, när ni tog min evighetstanke ifrån mig, vad gagnar mig vetenskap och filosofi, när jag ingenting har att leva för, vad kan jag göra med livet, när jag ingen ära har? Jag ympade min högra arm, min halva hjärna, min halva ryggmärg på en annan stam, ty jag trodde de skulle växa ihop och tillsammans knyta sig i ett enda fullkomligare träd, och så kommer någon med kniven och skär av under ympstället, och så är jag bara ett halvt träd, men det andra det växer på med min arm och min halva hjärna, medan jag tvinar ner och dör, ty det var det bästa bitarna jag gav ifrån mig. Nu vill jag dö! Gör med mig vad ni vill! Jag finns inte mer!

DOKTORN *viskar med* PASTORN; *de gå in i våningen åt vänster; strax därpå kommer* BERTHA *ut.*

SJÄTTE SCENEN
Ryttmästarn. Bertha.

RYTTMÄSTARN sitter vid bordet hopfallen.

BERTHA *går fram till honom* Är du sjuk pappa?

RYTTMÄSTARN *ser upp slött* Jag?

BERTHA Vet du vad du har gjort? Vet du att du har kastat lampan på mamma?

RYTTMÄSTARN Har jag?

BERTHA Ja det har du! Tänk om hon hade skadat sig?

RYTTMÄSTARN Vad skulle det ha gjort?

BERTHA Du är icke min far, när du kan tala så!

RYTTMÄSTARN Vad säger du? Är jag inte din far? Hur vet du det? Vem har sagt dig det? Och vem är din far då? Vem?

BERTHA Ja inte du åtminstone!

RYTTMÄSTARN Fortfarande inte jag! Vem då? Vem? Du tycks vara väl underrättad! Vem har underrättat dig? Detta skulle jag uppleva att mitt barn kommer och säger mig mitt i ansiktet att jag icke är hennes far! Men vet du inte att du skymfar din mor med det? Förstår du inte att det är hennes skam om så är!

BERTHA Säg ingenting ont om mamma, hör du det!

RYTTMÄSTARN Nej, ni håller ihop, allesammans mot mig! Och så har ni gjort hela vägen!

BERTHA Pappa!

RYTTMÄSTARN Begagna inte det ordet mer!

BERTHA Pappa, pappa!

RYTTMÄSTARN *drar henne till sig* Bertha, kära älskade barn, du är mitt barn! Ja, ja; det kan inte vara annorlunda. Det är så! Det andra var bara sjuka tankar, som kommo med vinden liksom pest och febrar. Se på mig, så får jag se min själ i dina ögon! - Men jag ser hennes själ också! Du har två själar, och du älskar mig med den ena och hatar mig med den andra. Men du skall älska bara mig! Du skall bara ha en själ, annars får du aldrig frid, och inte jag heller. Du ska bara ha en tanke, som är min tankes barn, du ska bara ha en vilja, som är min.

BERTHA Det vill jag inte! Jag vill vara mig själv.

RYTTMÄSTARN Det får du inte! Ser du, jag är en kannibal och jag vill äta dig. Din mor ville äta mig, men det fick hon inte. Jag är Saturnus, som åt sina barn därför att man hade spått, att de skulle äta honom eljes. Äta eller ätas! Det är frågan! Om jag inte äter dig, så äter du mig, och du har redan visat mig tänderna! Men var inte rädd, mitt älskade barn, jag ska inte göra dig illa! *Går till vapensamlingen och tar en revolver.*

BERTHA *söker komma undan* Hjälp, mamma, hjälp, han vill mörda mig!

AMMAN *in* Herr Adolf, vad är det?

RYTTMÄSTARN *undersöker revolvern* Har du tagit patronerna?

AMMAN Jo, jag har städat undan dem, men sitt ner här och var stilla, så ska jag ta fram dem igen! *Tar Ryttmästarn i armen och sätter honom på stolen, där han blir sittande slö. Därpå tar hon fram tvångströjan och ställer sig bakom stolen. Bertha smyger sig ut åt vänster.*

AMMAN Herr Adolf, minns han, när han var mitt älskade lilla barn, och jag stoppade om honom om kvällarne, och jag läste Gud som haver för honom. Och minns han hur jag steg upp om natten och gav honom dricka; minns han hur jag tände ljus och talade om vackra sagor, när han hade elaka drömmar så att han inte kunde sova. Minns han det?

RYTTMÄSTARN Tala mera Margret, det lugnar så gott i mitt huvud! Tala om mera!

AMMAN Ack ja, men han ska höra på då! Minns han hur han en gång hade tagit stora köksknivan och ville tälja båtar och hur jag kom in och måste narra kniven av honom. Han var ett oförståndigt barn och därför måste man narra honom, för han trodde inte att man ville honom väl. - Ge mig den där ormen, sa jag, annars bits han! Och så släppte han kniven! *Tar revolvern ur ryttmästarns hand.*

Och så då när han skulle klä sig och inte ville. Då måste jag lirka med honom och säga att han skulle få en guldrock och bli klädd som en prins. Och då tog jag lilla livstycket, som bara var av grönt ylle, och så höll jag fram det för bröstet och sa: buss i med båda armarne! och så sa jag: sitt nu vackert stilla, medan jag knäpper det på ryggen! *Hon har fått tröjan på honom.*

Och så sa jag: stig nu upp, och gå vackert på golvet, får jag se hur den sitter...

Hon leder honom till soffan.

Och så sa jag: nu ska han gå att lägga sig.

RYTTMÄSTARN Vad sa du? Skulle han gå och lägga sig när han var klädd? - Förbannelse! Vad har du gjort med mig! *Söker sig göra lös.*
Ah, du satans listiga kvinna! Vem kunde tro att du hade så mycket förstånd! *Lägger sig ner på soffan.*
Fångad, kortklippt, överlistad, och inte kunna få dö!

AMMAN Förlåt mig herr Adolf, förlåt mig, men jag ville hindra honom från att döda barnet!

RYTTMÄSTARN Varför lät du mig inte döda barnet? Livet är ju ett helvete och döden ett himmelrike, och barnen hör himmelen till!

AMMAN Vad vet han om det som kommer efter döden?

RYTTMÄSTARN Det är det enda man vet, men om livet vet man ingenting! O, om man hade vetat från början.

AMMAN Herr Adolf! Böj sitt hårda hjärta och anropa sin Gud om nåd, ty ännu är det icke för sent. Det var icke försent för rövaren på korset, när frälsaren sade: i dag skall du vara med mig i paradiset!

RYTTMÄSTARN Kraxar du redan efter lik, gamla kråka!

AMMAN *tar upp psalmboken ur fickan.*

RYTTMÄSTARN *ropar* Nöjd! Är Nöjd där!

NÖJD *in.*

RYTTMÄSTARN Kasta ut den där kvinnan! Hon vill osa ihjäl mig med psalmboken. Kasta ut henne genom fönstret eller skorsten eller vad som helst.

NÖJD *se på Amman* Gud bevare herr ryttmästarn innerligt, men, men jag kan inte! Jag kan rakt inte! Om det vore sex karlar, bara, men ett fruntimmer!

RYTTMÄSTARN Rår du inte på ett fruntimmer, va?

NÖJD Nog rår jag, men se det är något särskilt med att man inte vill bära hand på fruntimmer.

RYTTMÄSTARN Vad är det för särskilt! Ha de inte burit hand på mig?

NÖJD Ja, men jag kan inte, herr ryttmästarn! Det är rakt ut som om ni skulle be mig slå pastorn. Det sitter som religion i kroppen! Jag kan inte!

SJUNDE SCENEN
De förre. Laura ger en vink åt Nöjd att gå.

RYTTMÄSTARN Omfale! Omfale! Nu leker du med klubban medan Herkules spinner din ull!

LAURA *fram till soffan* Adolf! Se på mig. Tror du att jag är din fiende?

RYTTMÄSTARN Ja, det tror jag. Jag tror att ni alla äro mina fiender! Min mor, som icke ville ha mig till världen, därför att jag skulle födas med smärta, var min fiende, när hon berövade mig mitt första livsfrö dess näring och gjorde mig till en halvkrympling! Min syster var min fiende, då hon lärde mig att vara henne underdånig. Den första kvinna jag omfamnade var min fiende, då hon gav mig tio års sjukdom i lön för den kärlek jag gav henne. Min dotter blev min fiende, när hon skulle välja mellan mig och dig. Och du, min hustru, du var min dödsfiende, ty du lämnade mig ej, förrän jag blev liggande utan liv!

LAURA Jag vet inte att jag någonsin tänkt eller ämnat, vad du tänker att jag gjort. Det händer nog att en dunkel lust att få dig bort som något hinderligt regerat inom mig, men om du ser någon plan i mitt handlingssätt, så är det möjligt att den fanns där, fastän jag inte såg den. Jag har aldrig reflekterat över händelserna, utan de har glidit fram på skenor, som du själv lagt ut, och inför gud och mitt samvete känner jag mig oskyldig, även om jag icke är det. Din tillvaro har för mig varit som en sten på mitt hjärta, som tryckt och tryckt tills hjärtat sökt skaka av den hämmande tyngden. Så är det nog, och jag har oförvållat slagit dig, så jag ber dig om förlåtelse.

RYTTMÄSTARN Det där låter påtagligt! Men vad hjälper det mig! Och vems är felet? Kanske det andliga äktenskapets? Förr gifte man sig till en hustru; nu ingår man bolag med en yrkesidkerska, eller flyttar ihop med en vän! - Och så lägrar man bolagsmannen, och skändar vännen! Vart tog kärleken, den sunda, sinnliga kärleken vägen? Den dog på kuppen! Och vilken avkomma av denna kärlek på aktier, ställd på innehavaren, när kraschen kommer? Vem är den kroppslige fadren till det andliga barnet?

LAURA Och vad dina misstankar om barnet angår, så är de alldeles ogrundade.

RYTTMÄSTARN Det är just det förfärliga! Om de åtminstone vore grundade, då hade man någonting att ta på, att hålla sig till. Nu är det bara skuggor, som gömma sig i buskarna och sticka fram huvudet för att skratta, nu är det som att slåss med luft, att göra simulaker med löst krut. En fatal verklighet skulle framkallat motstånd, spänt liv och själ till handling, men nu... tankarne upplösa sig i dunster, och hjärnan mal tomning tills den tar eld! Ge mig en kudde under huvet! Och kasta något över mig, jag fryser! Jag fryser så förfärligt!

LAURA *tar sin schal och breder över honom. Amman går ut efter en kudde.*

LAURA Räck mig din hand, vän!

RYTTMÄSTARN Min hand! Som du har bakbundit...Omfale! Omfale! Men jag känner din mjuka schal mot min mun; den är så ljum och så len som din arm, och den luktar vanilj som ditt hår, när du var ung! Laura, när du var ung, och vi gick i björkskogen med gullvivor och trast, härligt, härligt! Tänk vad livet har varit skönt, och så det blivit. Du ville icke det skulle bli så här, jag ville det icke, och ändå blev det så. Vem råder då över livet!

LAURA Gud ensam råder...

RYTTMÄSTARN Stridens gud då! Eller gudinna numera! Ta bort katten, som ligger på mig! Ta bort den!

AMMAN *in med kudden, tar bort schalen.*

RYTTMÄSTARN Ge mig min vapenrock! Kasta den över mig!

AMMAN *tar vapenrocken från klädhängarn och lägger över honom.*

RYTTMÄSTARN Ack min hårda lejonhud, som du ville ta från mig. Omfale! Omfale! Du listiga kvinna, som var fredsvän och uppfann avväpning. Vakna Herkules, innan de ta klubban från dig! Du vill narra av oss rustningen också och låtsades tro att det var grannlåt. Nej det var järn, du, innan det blev grannlåt.Det var smeden, som förr gjorde vapenrocken, men nu är det brodösen! Omfale! Omfale! Den råa styrkan har fallit för den lömska svagheten, tvi vare dig satans kvinna och förbannelse över ditt kön! *Han reser sig för att spotta men faller tillbaka på soffan.*

Vad har du givit mig för kudde, Margret! Den är så hård och så kall, så kall! Kom och sätt dig här bredvid mig på stolen. Så där! Får jag lägga mitt huvud i ditt knä! Så! - Det var varmt! Luta dig över mig så att jag känner ditt bröst! - O, det är ljuvt att somna vid kvinnobröst, om det är modrens eller älskarinnans, men ljuvast modrens!

LAURA Vill du se ditt barn, Adolf? Säg!

RYTTMÄSTARN Mitt barn? En man har inga barn, det är bara kvinnor som få barn, och därför kan framtiden bli deras, när vi dö barnlösa! - O, Gud som haver barnen kär!

AMMAN Hör, han ber till Gud!

RYTTMÄSTARN Nej, till dig att du skall söva mig, för jag är trött, så trött! God natt Margret, och välsignad vare du bland kvinnor! *Han reser sig upp, men faller ned med ett anskri i Ammans knä.*

ÅTTONDE SCENEN
Laura går till vänster och kallar in Doktorn, som kommer ut med Pastorn.

LAURA Hjälp oss, doktor, om det inte är för sent? Se, han andas inte mer!

DOKTORN *undersöker den sjukes puls* Det är ett slaganfall!

PASTORN Är han död?

DOKTORN Nej, han kan ännu vakna till liv, men till vilket uppvaknande veta vi ej.

PASTORN En gång dö, och sedan domen...

DOKTORN Ingen dom! Och inga anklagelser! Ni, som tror att en gud styrer mänskors öden, får tala vid honom om denna angelägenhet.

AMMAN Ack, pastor, han bad till Gud i sin sista stund!

PASTORN *till Laura* Är det sant!

LAURA Det är sant!

DOKTORN Om så är, varom jag lika litet kan bedöma som om sjukdomens orsak, så är min konst slut. Försök nu era, herr pastor.

LAURA Är det allt vad ni har att säga vid denna dödsbädd, herr doktor?

DOKTORN Det är allt! Mer vet icke jag! Den som vet mer, han tale!

BERTHA *in från vänster, springer fram till modren* Mamma, mamma!

LAURA Mitt barn! Mitt eget barn!

PASTORN Ammen!

ETT DRÖMSPEL

ERINRAN.

Författaren har i detta drömspel med anslutning till sitt förra
drömspel »Till Damaskus» sökt härma drömmens
osammanhängande men skenbart logiska form. Allt kan ske, allt är
möjligt och sannolikt. Tid och rum existera icke; på en obetydlig
verklighetsgrund spinner inbillningen ut och väver nya mönster; en
blandning av minnen, upplevelser, fria påhitt, orimligheter och
improvisationer. Personerna klyvas, fördubblas, dubbleras, dunsta av,
förtätas, flyta ut, samlas. Men ett medvetande står över alla, det är
drömmarens; för det finns inga hemligheter, ingen inkonsekvens,
inga skrupler, ingen lag. Han dömer icke, frisäger icke, endast
relaterar; och såsom drömmen mest är smärtsam, mindre ofta glättig,
går en ton av vemod, och medlidande med allt levande genom den
vinglande berättelsen. Sömnen, befriaren, uppträder ofta pinsam,
men när plågan är som stramast, infinner sig uppvaknandet och
försonar den lidande med verkligheten, som huru kvalfull den än kan
vara, dock i detta ögonblick är en njutning, jämförd med den
plågsamma drömmen.

FÖRSPEL *Fonden föreställer molnkåpor liknande raserade skifferberg
med slott och borgruiner.*
*Stjärnbilderna Lejonet, Jungfrun och Vågen synas, och mellan dem står
Planeten Jupiter med starkt sken.*

INDRAS DOTTER *står på molnet högst upp.*
INDRAS RÖST *uppifrån* Var är du dotter, var?
INDRAS DOTTER Här, fader, här!
INDRAS RÖST Du har gått vilse, barn, giv akt, du sjunker ... Hur
kom du hit?
INDRAS DOTTER Jag följde blixtens stråle ifrån höga etern och
tog ett moln till resvagn ... Men molnet sjönk, och nu går färden
nedåt .. Säg höge fader, Indra, vilka regioner jag råkat i? Vi är så kvavt
så tungt att andas?
INDRAS RÖST Du lämnat andra världen och gått in i tredje, från
Cukra, morgonstjärnan, du fjärmat dig och träder in i jordens

dunstkrets; tag där märket på solens sjunde hus, det heter Vågen, där dagens stjärna står vid höstens jämning när dag och natt de väga lika ...

INDRAS DOTTER Du nämnde jorden, är det denna mörka och tunga värld som lyses av månen?

INDRAS RÖST Det är den tätaste och tyngsta av kloten som i rymden vandra.

INDRAS DOTTER Säg, lyser aldrig solen där?

INDRAS RÖST Visst lyser solen där, men icke alltid ...

INDRAS DOTTER Nu rämnar molnet, och jag ser dit ner ...

INDRAS RÖST Vad ser du, barn?

INDRAS DOTTER Jag ser ... att där är skönt ... med gröna skogar, med blåa vatten, vita fjäll och gula gärden ...

INDRAS RÖST Ja det är skönt som allt vad Brahma skapat ... men där har varit ändå skönare en gång i tidens morgon; sedan skedde något, en rubbning uti banan, kanske något annat, ett uppror följt av brott, som måste stävjas ...

INDRAS DOTTER Nu hör jag ljud därnerifrån ... Vad är för släkte som därnere dväljes?

INDRAS RÖST Stig ner och se ... jag ej förtalar Skaparns barn, men vad du hör hitupp är deras språk.

INDRAS DOTTER Det ljuder likt ... det klingar icke glättigt.

INDRAS RÖST Jag tänker det! Ty deras modersmål det heter klagan. Ja! Ett oförnöjt, otacksamt släkte är de jordiske ...

INDRAS DOTTER Säg icke så, nu hör jag glädjerop, och skott och dån, ser blixtar ljunga, nu ringas klockor, tändas eldar, och tusen gånger tusen stämmor där sjunga lov och tack till himlen … *Paus.* Du dömer dem för hårt, o fader …

INDRAS RÖST Stig ner och se, och hör, kom sen tillbaka, förtälj mig då om deras klagomål och jämmer äga skäl och grund ...

INDRAS DOTTER Välan, jag går dit ner, men följ mig fader!

INDRAS RÖST Nej, jag kan icke andas där ...

INDRAS DOTTER Nu sjunker molnet, det blir kvavt, jag kvävs ... Det är ej luft, men rök och vatten som jag andas ... Så tungt, den drar mig nedåt, nedåt, och nu jag märker ren dess krängning, den tredje världen är dock ej den bästa ...

INDRAS RÖST Den bästa ej, förstås, men ej den sämsta, han heter Stoftet, rullar som de andra alla, och därför släktet stundom grips av yrsel, på gränsen mellan dårskap och förryckthet - Hav mod, mitt barn, det är en prövning endast.

INDRAS DOTTER *på knä, då molnet sänker sig* Jag sjunker!

Fonden föreställer en skog av jättestora stockrosor i blom; vita, skära, purpurröda, svavelgula, violetta, över vilkas toppar synes det förgyllda taket av ett slott med en blomknopp liknande en krona överst. Nedanför grundmurarne av slottet synas halmdösar utbredda, täckande utkastat stallströ. Sidokulisserna, stående för hela pjäsen, äro stiliserade väggmålningar, på en gång rum, arkitektur och landskap.

Glasmästaren och Dottern in på scenen.

DOTTERN Slottet växer alltjämt ur jorden ... Ser du hur mycket det vuxit sen i fjor?

GLASMÄSTAREN *för sig själv* Jag har aldrig sett det slottet förr ... har aldrig hört att ett slott växer ... men - *Till Dottern med fast övertygelse.* Ja, det har vuxit två alnar, men det är därför att de har gödslat det ... och om du lägger märke, skall du se att en flygel slagit ut på solsidan.

DOTTERN Det borde väl blomma snart efter som vi äro förbi midsommar?

GLASMÄSTAREN Ser du icke blomman däroppe?

DOTTERN Jo, jag ser! *Klappar i händerna.* Säg far, varför växer blommorna upp ur smuts?

GLASMÄSTAREN *fromt* Därför att de icke trivas i smutsen, skynda de så fort de kunna upp i ljuset, för att blomma och dö!

DOTTERN Vet du vem som bor i det slottet?

GLASMÄSTAREN Jag har vetat det, men minns det inte.

DOTTERN Jag tror att det sitter en fånge där ... Och han väntar säkert att jag skall befria honom.

GLASMÄSTAREN Men till vilket pris?

DOTTERN Man köpslår inte om det man skall. Låt oss gå in i slottet! ...

GLASMÄSTAREN Ja, låt oss gå! *De gå mot fonden som sakta öppnar sig åt sidorna.*

Scenen är nu ett enkelt, naket rum med ett bord och några stolar. På stolen sitter en officer i en högst ovanlig nutida uniform. Han gungar på stolen och slår med sabeln i bordet.

DOTTERN *fram till Officern och tar sakta sabeln ur hans hand* Inte så! Inte så!

OFFICERN Snälla Agnes, låt mig behålla sabeln!

DOTTERN Nej, du slår sönder bordet! *Till fadren,* Gå nu ner i sel-kammarn och sätt i rutan, så råkas vi sedan!

GLASMÄSTAREN *går.*

DOTTERN Du är fången på dina rum; jag har kommit att befria dig!

OFFICERN Jag har nog väntat på det, men jag var icke viss du skulle vilja.

DOTTERN Slottet är starkt, det har sju väggar, men - det skall gå! ... Vill du eller vill du inte?

OFFICERN Uppriktigt talat: jag vet inte, ty i vilket fall som hälst får jag ont! Varje fröjd i livet får betalas med dubbla värdet sorg. Där jag nu sitter är det svårt, men skall jag köpa den ljuva friheten så får jag lida trefalt. - Agnes, jag dras hellre me't, bara jag får se dig!

DOTTERN Vad ser du i mig?

OFFICERN Det sköna, som är harmonien i universum. - Det finns linjer i din gestalt som jag endast återfinner i solsystemets banor, i den skönt ljudande strängen, i ljusets vibrationer. - Du är ett barn av himmelen ...

DOTTERN Det är du också!

OFFICERN Varför skall jag då vakta hästar? Sköta stall och låta köra ut strö?

DOTTERN För att du skall längta därifrån!

OFFICERN Jag längtar, men det är så besvärligt att ta sig ur det!

DOTTERN Men det är en plikt söka friheten i ljuset!

OFFICERN Plikt? Livet har aldrig erkänt plikter mot mig!

DOTTERN Du känner dig förorättad av livet?

OFFICERN Ja! Det har varit orättvist ...

Nu hör man röster bakom avdelningsskärmen, vilken straxt därpå drages undan. Officern och dottern se ditåt, stanna därpå i gest och miner förstelnade.

Vid ett bord sitter Modren, sjuklig. Framför henne brinner ett talgljus, som hon då och då putsar med en ljussax. På bordet ligga staplar av nysydda skjortor, som hon märker med märkbläck och gåspenna. Ett brunt klädskåp till vänster.

FADREN *lämnar en sidenmantilj, milt* Du vill inte ha den?

MODREN Sidenmantilj, åt mig, kära vän, vad nyttar det, då jag skall dö snart!

FADREN Tror du vad läkaren säger?

MODREN Även vad han säger, men mest tror jag den rösten som talar härinne.

FADREN *sorgset* Det är då allvar? ... Och du tänker på dina barn, först och sist!

MODREN Det var ju mitt liv: mitt berättigande ... min glädje, och min sorg ...

FADREN Kristina, förlåt mig ... allt!

MODREN Ja vad? Förlåt mig, käre; vi ha plågat varann; varför? Det vet vi inte! Vi kunna icke annat! ... Emellertid, här är barnens nya linne ... Se nu efter att de byter två gånger i veckan, onsdag och söndag, och att Lovisa tvättar dem ... över hela kroppen ... Ska du gå ut?

FADREN Jag skall upp i kollegiet! klockan elva!

MODREN Bed Alfred komma in förrän du går!

FADREN *pekar på Officern* Han står ju här, kära hjärtans!

MODREN Tänk att jag börjar se illa också ... ja, det mörknar ... *putsar ljuset.* Alfred kom!

FADREN *går ut mitt igenom väggen nickande till avsked.*

OFFICERN *fram till Modren.*

MODREN Vem är flickan där?

OFFICERN *viskande* Det är Agnes!

MODREN Å, är det Agnes? Vet du vad de säger? ... Att hon är guden Indras dotter, som bett att få komma ner på jorden för att känna hur mänskorna egentligen har det ... Men säg ingenting! ...

OFFICERN Ett gudabarn är det!

MODREN *högt* Min Alfred, jag skall snart skiljas ifrån dig och syskonen ... Låt mig säga dig ett ord för livet!

OFFICERN *sorgsen* Säg, moder!

MODREN Bara ett ord: Trät aldrig med Gud!

OFFICERN Vad menar du, mor?

MODREN Du skall icke gå och känna dig förorättad av livet.

OFFICERN Men när man behandlar mig orättvist.

MODREN Du anspelar på den gången du blev orättvist straffad för att du skulle ha tagit en slant som sedermera återfanns!

OFFICERN Ja! Och denna orättvisa gav en skev riktning åt hela mitt liv sedan ...

MODREN Javäl! Men gå nu till skåpet där ...

OFFICERN *blyges* Du vet det då! Det är ...

MODREN Den Schweiziske Robinson ... Som ...

OFFICERN Säg inte mer! ...

MODREN Som din bror blev straffad för ... och som du rivit sönder och gömt!

OFFICERN Tänk att det skåpet kan stå där kvar efter tjugu år ... Vi ha ju flyttat så många gånger, och min mor dog för tio år sen!

MODREN Ja, vad gör det? Du skall då fråga om allting och därigenom fördärvar du livets bästa för dig! ... Se där är Lina!

LINA *in* Snälla frun, jag får tacka så mycket, men jag kan icke gå på kristningen ...

MODREN Varför det, mitt barn?

LINA Jag har ingenting att ta på mig!

MODREN Du skall få låna min mantilj här!

LINA Nej, kära, inte går det an!

MODREN Jag förstår dig inte! Aldrig kommer jag att gå på bjudning mer ...

OFFICERN Vad skall far säga? Det är ju en gåva från honom ...

MODREN Vilka små sinnen ...

FADREN *sticker in huvet* Skall du låna ut min present åt pigan?

MODREN Säg inte så ... minns att jag varit tjänsteflicka också ... varför skall du såra en oskyldig?

FADREN Varför skall du såra mig, din make ...

MODREN Hu, detta livet! När man handlar vackert, så finns alltid någon för vilken det är fult ... gör man en gott, gör man en annan ont. Hu, detta livet!

Hon putsar ljuset så att det slocknar. Det blir mörkt på scenen och skärmen dras för.

DOTTERN Det är synd om människorna!

OFFICERN Du finner det!

DOTTERN Ja, livet är svårt, men kärleken besegrar allt! Kom och se! *De gå mot fonden. Fonden dras upp; nu synes en ny fond föreställande en gammal ruskig brandmur. Mitt i muren är en grind som öppnar till en gång, vilken mynnar ut i en grön ljus plats, där en kolossal blå stormhatt (Aconitum) synes. Till vänster vid grinden sitter Portvakterskan med en schal över huvud och axlar virkande på ett stjärntäcke. Till höger är en affischtavla som affischören rengör; bredvid honom står en sänkhåv med grönt skaft. Längre bort till höger är en dörr med lufthål i form av en fyrväppling. Till vänster om grinden står en smal lind med kolsvart stam och några ljusgröna löv; därinvid en källarglugg.*

DOTTERN *går fram till Portvakterskan* Är inte stjärntäcket färdigt än?

PORTVAKTERSKAN Nej, lilla vän; tjugusex år är ingen tid för ett sådant verk!

DOTTERN Och fästmannen kom aldrig igen?

PORTVAKTERSKAN Nej, men det var inte hans fel. Han måste ge sig av ... stackaren; det är tretti år sen!

DOTTERN *till Affischören* Hon var ju vid baletten? Däroppe i operan?

AFFISCHÖREN Där var hon numro ett ... men när han reste, så tog han liksom hennes dans med sig ... och så fick hon inga partier mer ...

DOTTERN Att klaga, med ögonen åtminstone, och med rösten ...

AFFISCHÖREN Jag klagar inte som värst ... inte nu, sen jag fått en sänkhåv och en grön sump!

DOTTERN Och det gör er lycklig?

AFFISCHÖREN Ja, så lycklig, så ... det var min ungdoms dröm ... och nu är den sannad, jag är visserligen fylld femti år, förstås ...

DOTTERN Femti år för en sänkhåv och en sump ...

AFFISCHÖREN En grön sump, en grön ...

DOTTERN *till Portvakterskan* giv mig schalen nu, får jag sitta här och se på människobarnen! Men ni skall stå bakom och säga mig! *Tar på schalen och sätter sig vid grinden.*

PORTVAKTERSKAN Det är sista dan i dag och operan stängs ... det är nu de få veta om de äro engagerade ...

DOTTERN De som inte få anställning, då?

PORTVAKTERSKAN Ja, Herre Jesus, det är att se ... jag drar schalen över huvet, jag ...

DOTTERN Stackars människor!

PORTVAKTERSKAN Se, där kommer en! ... hon är icke bland de utvalda ... Se, hur hon gråter ...

SÅNGERSKAN *från höger rusande ut genom grinden med näsduken för ögonen. Stannar ett ögonblick i gången utanför grinden och lutar huvudet mot väggen, därpå hastigt ut.*

DOTTERN Det är synd om människorna! ...

PORTVAKTERSKAN Men, se här; så här ser en lycklig människa

ut!

OFFICERN *in genom grindgången; i redingot och cylinder med en rosenbukett i handen. Strålande, glad.*

PORTVAKTERSKAN Han skall gifta sig med fröken Victoria! ...

OFFICERN nere på scenen; tittar uppåt, sjunger Victoria!

PORTVAKTERSKAN Fröken kommer strax!

OFFICERN Det är bra! Kaleschen väntar, bordet är dukat, champagnen ligger på is ... Får jag omfamna er, fruar. *Omfamnar Dottern och Portvakterskan. Sjunger.* Victoria!

EN KVINNORÖST *uppifrån, sjunger* Jag är här!

OFFICERN *börjar vandra* Nåväl! Jag väntar!

DOTTERN Känner du mig?

OFFICERN Nej, jag känner bara en kvinna ... Victoria! I sju år har jag gått här, och väntat henne ... om middagarne, då solen nådde skorstenarne och om aftnarne, när nattens mörker började falla ... Se här på asfalten, kan ni se spåren efter den trogne älskaren! Hurra! Hon är min! *Sjunger.* Victoria! *Han får intet svar.* Nå, hon klär på sig nu! *Till Affischören.* Där är sänkhåven ser jag! Alla vid operan svärma för sänkhåvar ... eller rättare för fiskar! De stumma fiskarne, därför att de inte kan sjunga ... Vad kostar en sådan där pjäs?

AFFISCHÖREN Den är ganska dyr!

OFFICERN *sjunger* Victoria! ... *Skakar på linden.* Se nu grönskar han igen! För åttonde gången! ... *Sjunger.* Victoria! ... Nu kammar hon luggen! ... *Till Dottern.* Hör nu frun, låt mig gå upp och hämta min brud! ...

PORTVAKTERSKAN Det släpps ingen upp på scenen!

OFFICERN Sju år har jag gått här! Sju gånger tre hundra sextiofem gör mig två tusen fem hundra femtifem! *Stannar och petar på dörren med fyrväpplingen.* ... Och den här dörren har jag sett på två tusen fem hundra femtifem gånger, utan att komma under fund med vart den bär! Och den där väpplingen som skall släppa in ljus ... åt vem skall den släppa in ljus? Är det någon därinnanför? Bor det någon där?

PORTVAKTERSKAN Det vet jag inte! Jag har aldrig sett den öppnas! ...

OFFICERN Det ser ut som en skafferidörr som jag såg när jag var fyra år och en söndagseftermiddag följde med jungfrun bort! Bort, i familjer, till andra jungfrur, men jag kom aldrig längre än i köken, och jag satt mellan vattentunnan och saltskäppan; jag har sett så mycket kök i min dar, och skafferierna var alltid i farstun, med borrade runda hål och en väppling! ... Men inte har operan något skafferi efter de inte har något kök! *Sjunger.* Victoria! ... Hör frun, hon kommer väl inte ut någon annan väg än den här?

PORTVAKTERSKAN Nej, det finns ingen annan väg!

OFFICERN Väl, då skall jag råka henne!

TEATERFOLK *rusa ut, och mönstras av Officern.*

OFFICERN Nu måste hon vara här snart! ... Frun! Den där blåa stormhatten där ute! Den har jag sett sen jag var barn ... Är det samma en? ... Jag minns i en prästgård, då jag var sju år ... det sitter två duvor, blåa duvor under den där hatten ... men den gången kom det ett bi, och gick in i hatten ... då tänkte jag: nu har jag dig! och så knep jag om blomman; men biet stack igenom, och jag grät ... men så kom prostinnan och lag våt jord på ... sen fick vi smultron och mjölk till kvällen! ... Jag tror att det mörknar redan - Vart går affischören?

AFFISCHÖREN Jag skall hem och äta kväll.

OFFICERN *tar sig för ögonen* Kväll? Så här dags? - Hör nu! ... Får jag gå in och telefonera till "det växande slottet" ett ögonblick.

DOTTERN Vad skall du där att göra?

OFFICERN Jag skall säga åt glasmästarn att han sätter i dubbla rutor för det är snart vinter och jag fryser så fasligt! *Går in till Portvakterskan.*

DOTTERN Vem är fröken Victoria?

PORTVAKTERSKAN Det är hans käresta!

DOTTERN Det är rätt svarat! Vad hon är för oss och andra, det bryr honom icke! Endast det hon är för honom, det är hon! ... *Det mörknar skarpt.*

PORTVAKTERSKAN *tänder lyktan* Det kvällas fort i dag!

DOTTERN För gudarne är ett år som en minut!

PORTVAKTERSKAN Och för människor kan en minut vara lång som ett år!

OFFICERN *ut igen. Han ser dammig ut; rosorna äro vissna* Hon har inte kommit än?

PORTVAKTERSKAN Nej!

OFFICERN Hon kommer nog! ... Hon kommer nog! *Vandrar.* ... Men det är sant, jag kanske gör klokast i att avbeställa middan ändå! ... efter som det är kväll ... Jaha, det skall jag göra! *Går in och telefonerar.*

PORTVAKTERSKAN *till Dottern* Får jag min schal nu!

DOTTERN Nej, min vän, var fri du; jag skall göra din tjänst ... ty jag vill känna människorna och livet, för att utröna om det är så svårt, som det säges.

PORTVAKTERSKAN Men man får inte somna här på posten, aldrig somna, varken natt eller dag ...

DOTTERN Inte sova om natten?

PORTVAKTERSKAN Jo, om man kan, med klocksträngen om armen ... ty det går nattvakter på scenen, och de avlösas var tredje timma ...

DOTTERN Det är ju tortyr ...

PORTVAKTERSKAN Så tycker ni, men vi andra är glada få en sådan plats, och om ni visste hur avundad jag är ...

DOTTERN Avundad? Man avundas den torterade?

PORTVAKTERSKAN Ja! ... Men ser ni, det som är svårare än nattvak och släp, och luftdrag och köld och fukt, det är att, som jag fått, mottaga alla olyckliges förtroenden däruppe ... Till mig kommer de; varför? De läsa kanske i mitt ansiktes fåror den runskrift lidandet ristar och som inbjuder till förtroenden ... I den schalen, vän, gömmas trettio års egna kval och andras!

DOTTERN Den är tung också, och den bränner som nässlor ...

PORTVAKTERSKAN Bär den efter ni önskar ... när den blir för tyngd, så ropa på mig, skall jag komma och avlösa er!

DOTTERN Farväl! Det ni kan, skall väl jag kunna!

PORTVAKTERSKAN Vi må se! ... Men var snäll mot mina små vänner och trötta icke på deras klagan. *Försvinner i gången.*

Det blir kolmörkt på scenen. Därunder förändras sceneriet: så att linden sedan står avlövad. Den blå stormhatten är snart vissnad; och när det blir dager igen, synes det gröna i gångens perspektiv höstbrunt.

OFFICERN *kommer ut när det ljusnar. Nu har han grått hår och grått skägg. Kläderna äro förfallna, löskragen svart och slankig. Rosenbuketten avfallen så att bara kvistarne synas. Han vandrar -* Av alla tecken att döma är sommaren förbi och hösten är nära. - Det ser jag på linden där, och stormhatten! ... *Vandrar.* Men hösten är min vår, ty då öppnas teatern igen! Och då måste hon komma! Snälla frun, får jag sitta på den här dtoln så länge.

DOTTERN Sitt min vän, jag kan stå!

OFFICERN *sätter sig* Om jag bara fick sova lite, så var det bättre! ...
*Han somnar ett ögonblick och rusar så upp att vandra; stannar framför
dörren med väpplingen och petar.* - Denna dörr, som icke ger mig
någon ro ... vad är där bakom? Något måste det vara! *Man hör svag
musik uppifrån i danstakt.* Så! nu har repetitionerna börjat! *Scenen
upplyses nu ryckvis såsom av en blinkfyr.* Vad är det? *Skanderar efter
ljusets klipp.* Ljust och mörkt; ljust och mörkt?

DOTTERN *härmar honom* Dag och natt; dag och natt! ... En nådig
försyn vill förkorta din väntan! och därför fly dagarne, jagande
nätterna!
*Det blir stadigt ljust på scenen. Affischören in med sänkhåven och
affischeringsgrejor.*

OFFICERN Det är affischörn, med sänkhåven ... Har det fiskat bra?

AFFISCHÖREN Jo, då! Sommaren var varm och lite lång ... håven
var nog så bra, men inte så som jag hade tänkt mig ... därför att
tanken är mer än gärningen - högre än saken ... *Vandrar och slår med
rosenkvasten i väggarne så de sista bladen falla.*

AFFISCHÖREN Har hon inte kommit ner än?

OFFICERN Nej, inte än, men hon kommer snart! ... Vet affischörn
vad det är bakom den där dörrn?

AFFISCHÖREN Nej, jag har aldrig sett den dörrn öppen.

OFFICERN Jag skall telefonera efter en smed som kommer och
öppnar den! *Går in till telefonen.*

AFFISCHÖREN *klistrar upp en affisch och går ut till höger.*

DOTTERN Vad var det för fel på håven?

AFFISCHÖREN Fel? Ja, det var inte egentligen något fel ... men den
var inte som jag hade tänkt mig den, och därför blev fröjden inte så
stor ...

DOTTERN Hur hade ni tänkt er håven?

AFFISCHÖREN Hur? ... Det kan jag inte säga ...

DOTTERN Lät mig säga't! ... Ni hade tänkt er den så som den inte
var! Grön skulle den vara, men inte det gröna!

AFFISCHÖREN Ni vet det, ni, fru! Ni vet allt - och därför kommer
alla till er med sina bekymmer ... Om ni ville lyssna till mig, en gång
också ...

DOTTERN Det vill jag gärna ... Kom in hit och utgjut ert härta ...
Hon går in i sitt rum.

AFFISCHÖREN *står utanför fönstret och talar.*

Det blir kolmörkt igen; därpå ljusnar det och nu grönskar linden igen och stormhatten blommar, solen lyser på grönskan i gångens perspektiv.

OFFICERN *ut; nu är han gammal och vithårig; trasig med utnötta skor; han bär kvistarne av rosenbuketten. Vandrar av och an; långsamt som en gubbe. Han läser på affischen.*

EN BALETTFLICKA *in från höger.*

OFFICERN Har fröken Victoria gått?

BALETTFLICKAN Nej, det har hon inte!

OFFICERN Då väntar jag! Hon kommer väl snart?

BALETTFLICKAN *allvarligt* Det gör hon säkert!

OFFICERN Gå inte nu, skall ni få se vad som är bakom denna dörr, för jag har skickat efter smeden!

BALETTFLICKAN Det skall bli riktigt intressant att få se den dörrn öppnas. Den dörren och det växande slottet, känner ni det växande slottet?

OFFICERN Om jag? - Jag har ju suttit fången där?

BALETTFLICKAN Nej, var det ni? Men varför hade de så mycket hästar där?

OFFICERN Det var ett stallslott förstås ...

BALETTFLICKAN *smärtsamt* Så dum jag var! som inte kunde förstå det!

KORIST *in från höger.*

OFFICERN Har fröken Victoria gått?

KORIST *allvarligt* Nej, inte har hon gått! Hon går aldrig!

OFFICERN Det är därför att hon älskar mig! ... Koristen får inte gå nu förrän smeden kommer, som skall öppna dörren här.

KORISTEN Å, skall dörren öppnas! Nej, så roligt! ... Jag vill bara fråga portvakterskan något.

SUFFLÖREN *in från höger.*

OFFICERN Har fröken Victoria gått?

SUFFLÖREN Nej, inte vad jag vet!

OFFICERN Se där! sa jag inte att hon väntar på mig! - Gå inte, för dörrn skall öppnas.

SUFFLÖREN Vilken dörr?

OFFICERN Finns det mer än en dörr?

SUFFLÖREN Nu vet jag: den med väpplingen! ... Då stannar jag bestämt! Skall bara språka lite med portvakterskan!

Balettflickan, Koristen, Sufflören gruppera sig bredvid Affischören
utanför Portvakterskans fönster, där de turvis tilltala Dottern.
GLASMÄSTAREN *in från grinden.*
OFFICERN Är det smeden?
GLASMÄSTAREN Nej, smeden hade visiter, och det går ju lika bra
med glasmästaren.
OFFICERN Ja, visserligen ... visserligen, men är diamanten med?
GLASMÄSTAREN Naturligtvis! En glasmästare utan diamant, vad
är det för slag?
OFFICERN Det är intet! - Låtom oss alltså skrida till verket! *Slår i*
händerna.
ALLA *samlas i krets omkring dörren.*
KORISTER *klädda som Mästersångare, och figurantskor som*
danserskor i A‹da stöta till från höger.
OFFICERN Smed eller glasmästare - gör er plikt!
GLASMÄSTAREN *fram, med diamanten.*
OFFICERN Ett ögonblick som detta återkommer icke ofta i en
människas liv, därför god' vänner, ber jag er ... noga eftersinna ...
POLISEN *fram* I lagens namn förbjuder jag öppnandet av denna
dörr!
OFFICERN Å, Gud, vilket bråk när man vill göra något nytt och
stort! ... Men vi skola processa! ... Till advokaten, alltså! Så får vi se
om lagarne äga bestånd! - Till advokaten!
Scenen förändras till advokatbyrå, för öppen ridå, sålunda: Grinden blir
stående och fungerar som grind till kontorsskranket som går rätt över
scenen. Portvakterskans rum är kvar såsom advokatens skrivbås men
öppnat framåt; linden, avlövad, är hatt- och klädhängare; affischtavlan
är behängd med kungörelser och utslag i mål; dörren med fyrväpplingen
hör nu till ett dokumentskåp:
Advokaten i frack och vit halsduk sitter således till vänster innanför
grinden vid en pulpet fylld med papper. Hans utseende vittnar om
oerhörda lidanden; det är kalkvitt med fåror, och skuggorna äro liksom
violetta; han är ful, och ansiktet speglar alla slags brott och laster varmed
hans yrke nödgat honom att taga befattning.
Av hans två skrivare har den ena blott en arm, den andra är enögd.
Folket som samlades för att åse "dörrens öppnande" står kvar men nu
liksom väntande företräde hos advokaten, och tyckas alltid ha stått där.

Dottern (i schalen) och Officern i första planet.

ADVOKATEN *går fram emot dottern* Säg, min syster, får jag denna schalen ... jag skall upphänga den härinne tills jag får eld i kakelugnen; då skall jag bränna den med alla dess sorger och eländen ...

DOTTERN Inte än, min broder, jag vill ha den riktigt full först, och jag önskar framför allt få uppsamla dina smärtor, dina mottagna förtroenden om brott, laster, orätt fånget, baktal, smädelser ...

ADVOKATEN Lilla vän, då räckte icke din schal! Se på dessa väggar; är det icke som om alla synder solkat tapeterna; se på dessa papper där jag författar historier om orätt; se på mig ... Hit kommer aldrig en människa som ler; bara onda blickar, visade tänder, knutna nävar ... Och alla spruta sin ondska, sin avund, sina misstankar över mig ... Se, mina händer äro svarta, och kunna aldrig tvättas, ser du hur de äro spruckna och blöda ... jag kan aldrig ha kläder mer än några dagar, ty de stinka av andras brott ... Ibland låter jag röka med svavel härinne men det hjälper icke; jag sover härinvid, och drömmer endast om brott ... Jag har ett mord för närvarende vid tinget ... det går väl an, men vet du vad som är värre än allt? ... Det är att skilja makar! - Då är det som om det skrek ini jorden och uppe i himmelen ... skrek förräderi mot urkraften, det godas källa, mot kärleken ... Och, ser du, när pappersris äro fyllda med deras ömsesidiga anklagelser, och slutligen en kärleksfull människa tar ena maken mellan fyra ögon, nyper den i örat och leende frågar den enkla frågan: vad har ni egentligen emot er man - eller hustru - så står han - eller hon - svarslös där, och vet icke orsaken! En gång - ja, det rörde sig visst om en grönsallad, en annan gång om ett ord, mestadels om ingenting. Men kvalen, lidandet! Dem får jag uppbära! ... Se hur jag ser ut! Och tror du att jag kunde vinna en kvinnas genkärlek med denna uppsyn av brottsling? Och tror du att någon vill vara vän med mig som har alla stadens skulder, penningskulder, att indriva! ... En jämmer är det att vara människa!

DOTTERN Det är synd om människorna!

ADVOKATEN Det är det! Och vad människorna lever på, är mig en gåta! De gifter sig med två tusen kronors inkomst, när de behöver fyratusen ... de lånar förstås, alla lånar! Det går på bank och skruvar ända fram till döden ... då har boet alltid skuld! Vem som slutligen får betala't, ja säg det!

DOTTERN Den som föder fåglarne!

ADVOKATEN Ja! Men om den som föder fåglarne ville stiga ner på sin jord och se till hur de stackars mänskobarnen har det, skulle han kanske fattas av medlidande ...

DOTTERN Det är synd om människorna!

ADVOKATEN Ja, det är sanningen det! - *Till Officern.* Vad önskar ni?

OFFICERN Jag ville bara fråga om fröken Victoria har gått!

ADVOKATEN Nej, det har hon inte, ni kan vara alldeles lugn ... Varför petar ni på mitt skåp där?

OFFICERN Jag tyckte att dörrn var så lik ...

ADVOKATEN Ånej, ånej; ånej!

Man hör ringning i kyrkklockor.

OFFICERN Är det begravning i stan?

ADVOKATEN Nej, det är promotion, doktorspromotionen. Och jag skall just upp och få juris doktorsgraden. Kanske ni har lust att promoveras och få en lagerkrans?

OFFICERN Jaa, varför inte? Det är alltid en liten distraktion ...

ADVOKATEN Kanske vi genast skola skrida till den högtidliga akten? - Gå och kläd om dig bara!

Officern ut; nu blir det mörkt på scenen varunder följande förändring försiggår. Skranket förblir, nu tjänande som balustrad till koret i en kyrka; affischtavlan blir nummertavla för psalmerna; linden-klädhängaren blir kandelaber; advokatens pulpet blir promotors kateder; dörren med fyrväpplingen leder nu till sakristian ... Koristerna ur Mästersångare bli härolder med spiror, och figurantskorna bära lagerkransarna. Övriga av folket stå som åskådare.

Fonden går upp och den nya fonden föreställer en enda stor orgel med klaviaturerna nertill och därovanför spegeln.

Musik höres! På sidorna de fyra fakulteterna filosofi, teologi, medicin, juridik. Scenen står tom ett ögonblick.

HÄROLDERNA *från höger.*

FIGURANTSKORNA *efter med lagerkransar i händerna sträckta framför sig.*

TRE PROMOVENDI *en efter annan fram från vänster, och bekransas av figurantskorna, varpå de gå ut till höger.*

ADVOKATEN *fram för att bekransas.*

FIGURANTSKORNA *vända sig bort, vägrande att bekransa honom, och gå ut.*

ADVOKATEN *skakad, lutar sig mot en pelare.*
Alla draga sig ut. Advokaten ensam.
DOTTERN *in, med en vit slöja över huvud och axlar* Ser du, nu har jag tvättat schalen ... Men varför står du här? Fick du icke kransen?
ADVOKATEN Nej, jag var icke värdig.
DOTTERN Varför? Därför att du tagit de fattiges sak, lagt ett gott ord för den brottslige, lättat bördan för den skyldige, skaffat uppskov åt den dömde ... Ve människorna ... änglar äro de icke; men det är synd om dem.
ADVOKATEN Säg icke ont om människorna, jag skall ju föra deras talan ...
DOTTERN *lutad mot orgeln* Varför slå de sina vänner i ansiktet?
ADVOKATEN De förstå icke bättre!
DOTTERN Låtom oss upplysa dem! Vill du! Tillsammans med mig!
ADVOKATEN De mottaga icke upplysningar! ... O, att vår klagan nådde himmelens gudar ...
DOTTERN Den skall nå tronen! ... *Ställer sig vid orgeln.* Vet du vad jag ser i spegeln här? ... Världen rättvänd! ... Ja, efter som den är avig i sig själv!
ADVOKATEN Hur blev den avig?
DOTTERN När kopian togs ...
ADVOKATEN Se nu sade du det! Kopian ... det var alltid min aning att det var en felaktig kopia ... och när jag började minnas urbilderna, så blev jag missnöjd med allt ... Det kallade människorna oförnöjsamhet, och djävulens glasbitar i ögat och annat mer ...
DOTTERN Nog är det förryckt! Se på de här fyra fakulteterna! ... Den samhällsbevarande regeringen lönar dem alla fyra: teologin, läran om Gud, som alltid angripes och förlöjligas av filosofin, vilken uppger sig vara visheten själv! Och medicin som alltid jävar filosofin och icke räknar teologin med bland vetenskaperna utan kallar den för vidskepelse ... Och de sitter i samma konsistorium som skall lära ungdomen respekt - för universitetet. Det är ju ett dårhus! Och ve den som först blir klok!
ADVOKATEN De som först få veta det är teologerna. Som förstudier få de filosofi, som lär dem att teologin är nonsens; sedan lära de i teologin att filosofin är nonsens! Dårar, va?
DOTTERN Och så juridiken, allas tjänare, utom tjänarnes!
ADVOKATEN Rättvisan, som när den vill vara rättvis, blir sin mans

bane! ... Rätten, som så ofta gör orätt!

DOTTERN Så ni har ställt till för er, människobarn! Barn! - Kom skall du få en krans av mig ... en som klär dig bättre! *Lägger en törnekrona på hans huvud.* Nu skall jag spela för dig! *Hon sätter sig vid orgeln och spelar ett "Kyrie"; men i stället för orgeltoner höras mänskoröster.*

BARNRÖSTER Evige! Evige!

Sista ton uthålles.

KVINNORÖSTER Förbarma dig!

Sista ton uthålles.

MANSRÖSTER *tenorer* Fräls oss, för din barmhärtighets skull!

Sista ton uthålles.

MANSRÖSTER *basar* Förskona dina barn, Herre, och var icke vredgad emot oss!

ALLA Förbarma dig! Hör oss! Medlidande med de dödlige! - Evige, vi är du fjärran? ... Ur djupen ropa vi: nåd, Evige! Gör icke bördan dina barn för tung! Hör oss! Hör oss!

Scenen blir mörk, Dottern reser sig, nalkas Advokaten. Orgeln ändras genom ändrad belysning till Fingalsgrottan. Havet går i dyningar in under basaltpelarne, och frambringar en ljud-ensemble av våg och vind.

ADVOKATEN Var äro vi, syster?

DOTTERN Vad hör du?

ADVOKATEN Jag hör hur droppar falla ...

DOTTERN Det är tårar, när människorna gråta ... Vad hör du mer?

ADVOKATEN Det suckar ... det vinslar ... det jämrar ...

DOTTERN Hit har de dödliges klagan nått ... längre icke. Men varför denna eviga klagan? Har livet intet att glädjas åt!

ADVOKATEN Jo, det ljuvaste som är det bittraste, kärleken! Maka och hem! det högsta och det lägsta!

DOTTERN Må jag pröva!

ADVOKATEN Med mig?

DOTTERN Med dig! Du känner klipporna, stötestenarne, må vi undvika dem!

ADVOKATEN Jag är fattig!

DOTTERN Vad gör så det, blott vi älska varann? Och litet skönhet kostar intet!

ADVOKATEN Jag har antipatier som kanske äro dina sympatier?

DOTTERN Dem får man jämka!

ADVOKATEN Om vi ledsna?

DOTTERN Så kommer barnet och skänker en förströelse som alltid är ny!

ADVOKATEN Du, du vill ha mig, fattig och ful, föraktad, utstött?

DOTTERN Ja! Må vi förena våra öden!

ADVOKATEN Ske alltså!

En mycket enkel kammare innanför advokatbyrån. Till höger en stor tvåmanssäng under omhängen; invid ett fönster. Till vänster en plåtkamin med kokkärl. Kristin håller på att klistra innanfönstren. I fonden öppen dörr till byrån; därute synes fattigt folk som väntar på företräde.

KRISTIN Jag klistrar, jag klistrar!

DOTTERN *blek och avtärd, sitter vid kaminen* Du stänger ute luften! Jag kvävs! ...

KRISTIN Nu är det bara en liten springa kvar!

DOTTERN Luft, luft, jag kan icke andas!

KRISTIN Jag klistrar, jag klistrar!

ADVOKATEN Det är rätt, Kristin; värmen är dyr!

DOTTERN Å, det är som om du limmade igen munnen på mig!

ADVOKATEN *står i dörrn med ett papper i handen* Sover barnet?

DOTTERN Ja, slutligen!

ADVOKATEN *milt* Detta skrik skrämmer bort mina klienter!

DOTTERN *vänligt* Vad kan man göra åt det?

ADVOKATEN Ingenting!

DOTTERN Vi får ta en större våning!

ADVOKATEN Vi ha inga pängar!

DOTTERN Får jag öppna fönstret, denna dåliga luft kväver mig?

ADVOKATEN Då går värmen ut, och så få vi frysa!

DOTTERN Det är ryslig! ... Få vi skura därute då?

ADVOKATEN Du orkar icke skura, jag icke heller, och Kristin skall klistra; hon skall klistra hela huset, varenda springa, i tak, i golv, i väggar!

DOTTERN Fattigdom var jag beredd på, icke smuts!

ADVOKATEN Fattigdomen är alltid relativt smutsig!

DOTTERN Detta är värre än jag drömt!

ADVOKATEN Vi ha det icke värst! Än finns det mat i grytan!

DOTTERN Men vilken mat? ...

ADVOKATEN Kål är billig, närande och god!

DOTTERN För den som tycker om kål! Mig är den motbjudande!

ADVOKATEN Varför sade du icke det?

DOTTERN Därför att jag höll av dig! ville jag offra min smak!

ADVOKATEN Då måste jag offra dig min smak för kål! Offren måste vara ömsesidiga.

DOTTERN Vad skola vi då äta? Fisk? Men du hatar fisk.

ADVOKATEN Och den är dyr!

DOTTERN Detta är svårare än jag trodde!

ADVOKATEN *vänligt* Ser du så svårt det är! ... Och barnet, som skulle bli föreningsbandet och välsignelsen! ... blir vår undergång!

DOTTERN Älskade! Jag dör i denna luft, i detta rum, med utsikt åt bakgården, med dessa barnskrik i ändlösa timmar utan sömn, med dessa människor därute, och deras jämmer, kiv och beskyllningar ... Jag måste dö härinne!

ADVOKATEN Stackars lilla blomma, utan ljus, utan luft ...

DOTTERN Och du säger att det finns de, som ha det svårare!

ADVOKATEN Jag är en bland de avundade i kvarteret.

DOTTERN Allt ginge an, om jag endast kunde få någon skönhet in i hemmet!

ADVOKATEN Jag vet du menar en blomma, en heliotrop särskilt, men den kostar en krona och femtio öre, det är sex liter mjölk eller fyra kappar potatis.

DOTTERN Jag skall gärna vara utan mat bara jag får min blomma.

ADVOKATEN Det finns ett slags skönhet som icke kostar något, och vars frånvaro ur hemmet är den största plåga för en man med skönhetssinne!

DOTTERN Vad är det?

ADVOKATEN Om jag säger det, blir du ond!

DOTTERN Vi ha kommit överens icke bli onda!

ADVOKATEN Vi ha kommit överens ... Allt går nu, Agnes, blott icke de korta, hårda tonfallen ... känner du dem! Ännu icke!

DOTTERN Vi skola aldrig höra dem!

ADVOKATEN Aldrig för så vitt på mig beror!

DOTTERN Säg nu!

ADVOKATEN Jo; när jag kommer in i ett hem, ser jag först hur gardinen sitter nere vid hållaren ... *Går fram till fönstergardinen och rättar den.* ... sitter den som ett rep eller en trasa ... då går jag snart! ... Därpå kastar jag en blick på stolarne ... stå de rätt, så stannar jag! ...

Rättar en stol mot väggen. Sen ser jag på ljusen i stakarne ... Luta de, då är huset på sned! *Rättar ett ljus på byrån.* ... Det är denna skönhet, ser du min lilla vän, som icke kostar något!

DOTTERN *böjer huvudet mot bröstet* Icke de korta tonfallen, Axel!

ADVOKATEN De voro icke korta!

DOTTERN Jo, de voro!

ADVOKATEN Se så, för tusan! ...

DOTTERN Vad är det för språk?

ADVOKATEN Förlåt, Agnes! Men jag har lidit av din oordentlighet lika mycket som du lider av smuts! Och jag har icke vågat själv lägga hand vid städningen, ty då blir du ond såsom om jag förebrådde dig ... uff! Ska vi sluta nu?

DOTTERN Det är rysligt svårt att vara gift ... det är svårare än allt! Man måste vara en ängel, tror jag!

ADVOKATEN Ja, det tror jag!

DOTTERN Jag tror jag börjar hata dig efter detta!

ADVOKATEN Ve oss då! ... Men låtom oss förekomma hatet! Jag lovar jag aldrig skall göra någon anmärkning mer på städningen ... fastän det är tortyr för mig!

DOTTERN Och jag skall äta kål fastän det är kval för mig!

ADVOKATEN Alltså ett samliv i kval! Den enas njutning, den andras plåga!

DOTTERN Det är synd om människorna!

ADVOKATEN Du inser det?

DOTTERN Ja! Men låt oss i Guds namn undvika klipporna, nu då vi känna dem så väl!

ADVOKATEN Låt oss göra det! Vi äro ju humana och upplysta människor; vi kunna ju förlåta och överse!

DOTTERN Vi kunna ju le åt småsakerna!

ADVOKATEN Vi, endast vi kunna det! ... Vet du, jag läste i dag i Morgonen! ... a propos - var är tidningen?

DOTTERN *förlägen* Vilken tidning?

ADVOKATEN *hårt* Håller jag mer än en tidning?

DOTTERN Le nu, och tala inte hårt ... Din tidning har jag gjort eld med ...

ADVOKATEN *häftigt* Se så för tusan!

DOTTERN Le nu! ... Jag brände den därför att han hånade vad som är mig heligt ...

ADVOKATEN Vilket är mig oheligt! Tja ... *Slår i händerna, utom sig.* Jag ska le, jag ska le så att oxeltänderna synas ... jag ska vara human, och sticka under stoln med mina meningar, och säga ja till allting, och smita och hyckla! Jaså du har bränt upp min tidning! Jaså! *Lägger om gardinen på sängstolpen.* Seså! nu går jag och städar igen så att du blir ond! ... Agnes, detta är helt enkelt omöjligt!

DOTTERN Visst är det!

ADVOKATEN Och likafullt måste vi hålla ut, icke för löftenas skull, men för barnets!

DOTTERN Det är sant! för barnets! Å! - Å! ... Vi måste hålla ut!

ADVOKATEN Och nu får jag gå ut till mina klienter! Hör, de sorla av otålighet att få riva varandra, bringa varann till böter och fängelse ... osaliga andar ...

DOTTERN Arma, arma människor! Och detta klistrande! *Hon böjer huvudet mot bröstet i stum förtvivlan.*

KRISTIN Jag klistrar, jag klistrar!

ADVOKATEN *står vid dörren och hanterar dörrlåset nervöst.*

DOTTERN O, vad låset skriker; det är som om du kramade mitt hjärtas fjädrar ...

ADVOKATEN Jag kramar, jag kramar ...

DOTTERN Gör'et inte!

ADVOKATEN Jag kramar ...

DOTTERN Nej!

ADVOKATEN Jag ...

OFFICERN *inifrån byrån, tar i låset* Tillåt mig!

ADVOKATEN *släpper låset* Var så god! Efter som ni är promoverad!

OFFICERN Nu är hela livet mitt! Alla banor stå mig öppna, parnassen är beträdd, lagern är vunnen, odödligheten, äran, allt är mitt!

ADVOKATEN Vad skall ni leva på?

OFFICERN Leva på?

ADVOKATEN Ni skall väl ha bostad, kläder, mat?

OFFICERN Det finner sig alltid, bara man har någon som håller av sig!

ADVOKATEN Kan tänka det! ... Kan tänka! ... Klistra, Kristin! Klistra! tills de inte kan andas! *Går ut baklänges, nickande.*

KRISTIN Jag klistrar, jag klistrar! tills de inte kan andas!

OFFICERN Kommer du med nu?

DOTTERN Genast! Men vart?

OFFICERN Till Fagervik! Där är sommar, där skiner solen, där finns ungdom, barn och blommor; sång och dans, fest och jubel!

DOTTERN Då vill jag dit!

OFFICERN Kom!

ADVOKATEN *in igen* Nu återvänder jag till mitt första helvete ... det här var det andra ... och största! Det ljuvaste är det största helvetet ... Se så, nu har hon lagt hårnålar på golvet igen! ... *Plockar på golvet.*

OFFICERN Tänk, han har upptäckt hårnålarne också!

ADVOKATEN Också? ... Se på den här! Det är två skalmar, men en nål! Det är två, men det är en! Rätar jag ut den, så är det ett enda stycke! Böjer jag det, är det två, utan att upphöra vara ett! Det betyder: de tu äro ett: Men bryter jag av - här! Då äro de tu, tu! *Bryter hårnålen och kastar bitarne.*

OFFICERN Allt detta har han sett! ... Men innan man kan bryta, måste skalmarne divergera! Konvergera de, så håller det!

ADVOKATEN Och äro de parallella - så råkas de aldrig - det varken bär eller brister.

OFFICERN Hårnålen är det fullkomligaste av alla skapade ting! En rät linje som är lika med två parallella!

ADVOKATEN Ett lås som stänger när det är öppet!

OFFICERN Stänger öppen en hårfläta som förblir öppen när den stängs ...

ADVOKATEN Liknar denna dörr! När jag stänger den, öppnar jag, vägen ut, för dig, Agnes! *Drar sig ut och stänger dörren.*

DOTTERN Alltså?

Scenförändring: Sängen med omhängena förvandlas till ett tält; plåtkaminen står kvar; fonden går upp; man ser till höger i förgrunden brända berg med röd ljung och svartvita stubbar efter skogseld; röda svinstior och uthus. Där nedanför en öppen mekanisk sjukgymnastik, där människor gymnastiseras på maskiner liknande tortyrinstrumenter. Till vänster i förgrunden en del av karantänbyggningens öppna skjul med eldstäder, pannmurar och rörledningar. Mellangrunden är ett sund. Fonden i bakgrunden en vacker lövstrand med bruggor, prydda med flaggor, där vita båtar äro förtöjda, dels med segel hissade, dels utan. Små italienska villor, paviljonger, kiosker, marmorstatyer synas i stranden mellan lövverket.

KARANTÄNMÄSTAREN *klädd som morian går på stranden.*
OFFICERN *fram och skakar hand* Nej, si Ordström! Har du hamnat
här?
KARANTÄNMÄSTAREN Ja, här är jag!
OFFICERN Är det Fagervik det här?
KARANTÄNMÄSTAREN Nej, det ligger mitt över; här är
Skamsund!
OFFICERN Då har vi kommit gali!
KARANTÄNMÄSTAREN Vi? - Vill du inte föreställa mig?
OFFICERN Nej, det passar inte! *Halvhögt.* Det är ju Indras egen
dotter!
KARANTÄNMÄSTAREN Indras? Jag trodde det var Waruna
själv! ... Nå är du inte förvånad att jag är svart i ansiktet!
OFFICERN Min son, jag har fyllt femtio år, och då förvånas man
icke mer! - Jag antog straxt du skulle på maskerad i eftermiddag!
KARANTÄNMÄSTAREN Alldeles riktigt! Och jag hoppas ni följer
med?
OFFICERN Säkerligen; ty här ... här ser icke lockande ut! ... Vad är
det för folk som bo här?
KARANTÄNMÄSTAREN Här bo de sjuka, däröver bo de friska!
OFFICERN Här äro väl bara fattiga då?
KARANTÄNMÄSTAREN Nej, mitt barn, här äro de rika! Se på den
där på sträckbänken! Han har ätit för mycket gåslever med tryffel och
druckit så mycket Bourgogne att fötterna gått i masur!
OFFICERN Masur?
KARANTÄNMÄSTAREN Han har fått masurfötter! ... Och den där
som ligger på guillotin; han har druckit Henessy så att ryggraden
måste manglas ut!
OFFICERN Aldrig är det bra heller!
KARANTÄNMÄSTAREN För övrigt bo här på sidan alla som ha
något elände att dölja! Se på den som kommer, till exempel!
En äldre sprätt rullas in i en rullstol, beledsagad av en 60-års mager, ful
kokett, klädd efter sista modet och som uppvaktas av "Vännen" på fyrtio
år.
OFFICERN Det är majorn! Vår skolkamrat?
KARANTÄNMÄSTAREN Don Juan! Ser du, han är ännu förälskad
i spöket vid sidan. Han ser icke att hon åldrats, att hon är ful, trolös,
grym!

106

OFFICERN Det är ju kärleken det! Och aldrig hade jag trott den flyktige i stånd att älska så djupt och allvarligt!

KARANTÄNMÄSTAREN En vacker synpunkt, du har!

OFFICERN Jag har själv älskat Victoria ... ja jag går ännu i korridoren och väntar på henne ...

KARANTÄNMÄSTAREN Är det du som går i korridoren?

OFFICERN Det är jag!

KARANTÄNMÄSTAREN Nå, har ni fått upp dörren ännu?

OFFICERN Nej, vi processar fortfarande ... Affischören är ute med sänkhåven förstås, så att vittnesmålen fördröjas ... under tiden har glasmästaren satt i rutorna i slottet som vuxit en halv våning ... Det har varit ett ovanligt gott år i år ... varmt och fuktigt!

KARANTÄNMÄSTAREN Men så varmt som inne hos mig har ni ändå inte haft!

OFFICERN Hur varmt har du i ugnarne då?

KARANTÄNMÄSTAREN När vi desinficera kolerasuspekta, ha vi sextio grader.

OFFICERN Är koleran i gång nu igen då?

KARANTÄNMÄSTAREN Vet du inte det? ...

OFFICERN Jo visst vet jag, men jag glömmer så ofta det jag vet!

KARANTÄNMÄSTAREN Jag önskar ofta jag kunde glömma, mest mig själv; därför söker jag maskerader, utklädslar och sällskapsspektakel.

OFFICERN Vad har du haft för dig då?

KARANTÄNMÄSTAREN Talar jag om'et, så sägs det att jag skryter, förtiger jag, kallas jag hycklare!

OFFICERN Det är därför du svärtat dig i ansiktet?

KARANTÄNMÄSTAREN Ja! Lite svartare än jag är!

OFFICERN Vem är det som kommer?

KARANTÄNMÄSTAREN Å, det är en diktare! som skall ha sitt gyttjebad!

Diktaren in med blickarna mot skyn och ett ämbar gyttja i handen.

OFFICERN Kors, han skulle väl ha ljusbad och luftbad!

KARANTÄNMÄSTAREN Nej, han håller sig alltid i de högsta rymderna, så att han får en hemlängtan efter gyttjan ... det gör huden hård som på svinen, att välta sig i dyn. Sedan känner han icke bromsarnes stygn!

OFFICERN Denna underliga värld av motsägelser!

DIKTAREN *extatiskt* Av lera skapade guden Ptah människan på en krukmakarskiva, en svarv, - *Skeptiskt.* - eller vad fan som hälst annat! ... *Extatiskt* Av lera skapar bildhuggaren sitt mer eller mindre odödliga mästerverk, - *Skeptiskt.* - som oftast är bara skräp! *Extatiskt.* Av lera tillverkas dessa för skafferiet så nödvändiga kärl, vilka med ett gemensamt namn kallas krukor, tallrikar, - *Skeptiskt.* - det rör mig så lite för resten vad de kallas! *Extatiskt.* Detta är leran! När leran är tunnflytande kallas den gyttja - C'est mon affaire! *Ropar.* Lina!

LINA *in med ett ämbar.*

DIKTAREN Lina, visa dig för fröken Agnes! - Hon kände dig för tio år sedan, då du var en ung, glad och låtom oss säga vacker flicka ... Se nu hur hon ser ut! Fem barn, släp, skrik, svält, stryk! Se hur det sköna förgått, hur glädjen försvunnit, under utövandet av plikterna, vilka skulle ha skänkt den invärtes tillfredsställelse som ger sig uttryck i anletets harmoniska linjer och ögats stilla glöd ...

KARANTÄNMÄSTAREN *håller handen för hans mun* Håll mun, håll mun!

DIKTAREN Så säger de alla! Och tiger man, så säger de: tala! De oregerliga människorna!

DOTTERN *fram till Lina* Säg dina klagomål!

LINA Nej, det törs jag inte, för då får jag det värre!

DOTTERN Vem är så grym?

LINA Jag törs inte tala om, för då får jag stryk!

DIKTAREN Så kan det vara! Men jag skall tala om'et, även om Morianen vill slå tänderna ur mun på mig! ... Jag skall tala om, att det är orättvist ibland ... Agnes gudadotter! Hör du musik och dans däruppe i backen? - Väl! ... Det är Linas syster, som kommit hem från staden, där hon gick vilse, du förstår ... Nu slaktas den gödda kalven, men Lina som blev hemma får gå med ämbaret och mata svinen! ...

DOTTERN Det blir glädje i hemmet, därför att den vilsegångna övergivit den dåliga vägen, och icke bara därför att hon kommit hem! Märk det!

DIKTAREN Men ställ då till bal med soupé varje afton för denna oförvitliga arbeterska, som aldrig gått på villovägen, gör det! ... Det gör de inte, utan när Lina är ledig, får hon gå i bönhuset och mottaga förebråelser för att hon icke är fullkomlig! Är detta rättvisa?

DOTTERN Era frågor äro så svåra att besvara, därför att ... det finns så många oförutsedda fall ...

DIKTAREN Det insåg kalifen, Harun den Rättrådige också! - Han satt stilla på sin tron och såg aldrig däruppe hur de hade't därnere! Slutligen nådde klagomålen hans höga öra. Då steg han ner en vacker dag, klädde ut sig, och gick oförmärkt in i folkhoparne för att se hur dant det kunde vara med rättvisan.

DOTTERN Ni tror väl inte att jag är Harun den Rättrådige?

OFFICERN Låt oss tala om något annat! ... Här kommer främmande!

En vit båt i drakform med ett ljusblått sidensegel på guldrå och gyllene mast med rosenröd vimpel glider fram i sundet från vänster. Vid rodret sitta med armarne om varandras liv Han och Hon.

OFFICERN Se där, den fullkomliga lyckan, sällheten utan gränser, den unga kärlekens jubel!

Det ljusnar på scenen.

HAN *reser sig i båten och sjunger* Hell dig, fagra vik, där min ungdom såg sina vårar, där jag drömde mina första rosendrömmar, här har du mig åter, ej ensam som då! Lundar och vikar, himmel och hav, hälsen henne! Min kärlek, min brud! Min sol, mitt liv!

Flaggorna på Fagerviks bryggor hälsa, vita näsdukar vifta från villor och stränder och ett ackord av harpor och violiner klingar över sundet.

DIKTAREN Se vad det lyser av dem! Hör hur det klingar över vattnet! - Eros!

OFFICERN Det är Victoria!

KARANTÄNMÄSTAREN Nå en sen?

OFFICERN Det är hans Victoria, jag har min för mig! Och min, den får ingen se! ... Hissa karantänflaggan nu, skall jag hala in nätet!

KARANTÄNMÄSTAREN *vistar med en gul flagga.*

OFFICERN *drar i en lina så att båten vänder in mot Skamsund* Håll an där!

Han och Hon blir nu varse det rysliga landskapet och yttra sin fasa.

KARANTÄNMÄSTAREN Jojo! Det kostar på! Men hit måste alla, alla, som komma från smittade orter!

DIKTAREN Tänk, att kunna tala på det sättet, att kunna göra sådant, då man ser två människor som mötas i kärlek! Rör dem icke! Rör icke vid kärleken; det är högmålsbrott! ... Ve oss! Allt skönt skall nu ner, ner i gyttjan!

Han och Hon stiga i land, sorgsna och skamsna.

HAN Ve oss! Vad ha vi gjort?

KARANTÄNMÄSTAREN Inte behöver man ha gjort något för att

råkas av livets små obehag!

HON Så kort är glädjen och lyckan!

HAN Hur länge måste vi dröja här?

KARANTÄNMÄSTAREN Fyrtio dagar och nätter!

HON Då gå vi hellre i sjön!

HAN Leva här, bland brända berg och svinstior?

DIKTAREN Kärleken besegrar allt, till och med svavelrök och karbol!

KARANTÄNMÄSTAREN *tänder i kaminen; blåa svavelångor slå upp* Nu tänder jag svavlet! Var så god och stig in!

HON O! min blå klädning skall mista färgen!

KARANTÄNMÄSTAREN Och bli vit! Dina röda rosor skola också bli vita!

HAN Och dina kinder även! På fyrtio dagar!

HON *till Officern* Det skall glädja dig!

OFFICERN Nej, det skall icke! ... Dina lycka blev visserligen källan till mina kval, men ... det gör ingenting - jag är nu promoverad och har kondition där mitt över ... håhå jaja; och i höst får jag plats i en skola ... att läsa med pojkar, samma läxor som jag själv läst hela min barndom, hela min ungdom, och nu skall läsa, samma läxor, hela min mannaålder och slutligen hela min ålderdom, samma läxor: hur mycket är två gånger två? hur många gånger gå två jämnt upp i fyra? ... tills jag får pension, får gå - sysslolös och vänta på måltiderna och tidningarne - tills jag omsider föres ut till krematoriet och brännes upp ... Ha ni ingen pensionsmässig härute? Det är visst det värsta näst två gånger två är fyra; börja skolan igen, när man väl är promoverad; fråga samma frågor tills man dör ... *En äldre herre går förbi med händerna på ryggen.* Se där går en pensionerad och väntar livet ur sig; det är visst en kapten som inte gick år majorsidan, eller en hovrättsnotarie som inte blev assessor - många kallas, men få utkoras ... Han går och väntar på frukosten ...

PENSIONÄREN Nej, på tidningen! Morgontidningen!

OFFICERN Och han är bara femtiofyra år; han kan gå tjugofem år till och vänta på måltiderna och tidningen ... Är det inte rysligt?

PENSIONÄREN Vad är det som inte är rysligt? Säg, säg, säg?

OFFICERN Ja, säg den som kan! ... Nu ska jag läsa med pojkar, två gånger två är fyra! Hur många gånger går två jämnt opp i fyra? *Han tar sig i huvet förtvivlad.* Och Victoria, som jag älskade och därför önskade den största lycka här på jorden ... Nu har hon lyckan, den största hon vet, och då lider jag ... lider, lider!

HON Tror du jag kan vara lycklig, när jag ser dig lida? Hur kan du tro det? Kanske det lindrar din smärta att jag skall sitta här fången i fyrtio dagar och nätter? Säg, om det lindrar din smärta?

OFFICERN Ja, och nej! Icke kan jag njuta när du lider! Å!

HAN Och tror du min lycka kan byggas på dina kval?

OFFICERN Det är synd om oss - alla!

ALLA *sträcka händerna mot himlen och upphäva ett smärtans skrik liknande ett dissonerande ackord* Å!

DOTTERN Evige, hör dem! Livet är ont! Det är synd om människorna!

ALLA *som förut* Å!

Det blir kolmörkt på scenen ett ögonblick, varunder alla innevarande avlägsna sig eller byta plats. När det blir ljust igen, synes Skamsunds strand i fonden men i skugga. Sundet ligger i mellanplanet, och Fagervik i förgrunden, båda i full belysning. Till höger ett hörn av societetshuset med fönster öppna; inne ses dansande par. På en tomlår utanför stå tre jungfrur, hållande varann om livet och titta på dansen. På husets trappa står en bänk där "Fula Edit" sitter, barhuvad, sorgsen, med stort rufsigt hår. Framför henne står ett piano uppslaget. Till vänster ett gult trähus. Två sommarklädda barn kasta boll utanför.

I förgrundens fond en brygga med vita båtar, flaggstänger med flaggor. Ute i sundet ligger en vit örlogsman, briggtacklad med kanongluggar. Men hela landskapet är i vinterdräkt med snö på avlövade träd och på marken.

DOTTERN och OFFICERN *in*

DOTTERN Här är frid och lycka i ferietid! Arbetet har upphört; fest varje dag; heldagsklädda gå människorna; musik och dans redan på förmiddagen. *Till jungfrurna.* Varför gå ni inte in och dansa, barn?

JUNGFRUN Vi?

OFFICERN Det är ju tjänare!

DOTTERN Det är sant! ... Men varför sitter Edit där i stället för att dansa?

EDIT *gömmer ansiktet i händerna.*

OFFICERN Fråga henne icke! Hon har suttit där i tre timmar utan att bli uppbjuden ...

Går in i gula huset till vänster.

DOTTERN Vilket grymt nöje!

MODREN *ut; barhalsad fram till Edit* Varför går du inte in som jag sagt dig?

EDIT Därför ... att jag icke kan bjuda ut mig. Att jag är ful, det vet jag, och därför vill ingen dansa med mig, men jag kunde slippa erinras om det!

Börjar spela på pianot Sebastian Bachs: Toccata con Fuga n:r 10.

Valsen inifrån salen höres svagt, men stiger liksom kämpade den emot Bachs Toccata. Edit spelar dock ner den och bringar den till tystnad.

Balgäster synas i dörren och lyssna till hennes spel; alla på scenen stå andäktiga och höra på.

EN SJÖOFFICER *fattar Alice, en av balgästerna, om livet och för henne ner till bryggan* Kom, fort!

EDIT *avbryter spelet, reser sig och ser på dem förtvivlad. Blir stående som förstenad.*

Nu bortlyftes väggen till gula huset. Man ser tre skolbänkar med gossar på; bland dem sitter Officern och ser orolig och bekymrad ut. Magistern med glasögon, krita och rotting, står framför dem.

MAGISTERN *till Officern* Nå, min gosse, kan du säga mig nu hur mycket är två gånger två?

OFFICERN *blir sittande; letar med smärta i sitt minne utan att finna svaret.*

MAGISTERN Du skall stiga opp när du blir frågad.

OFFICERN *plågad, reser sig* Två ... gånger två ... Låt mig se! ... Det är två två!

MAGISTERN Jaså du! Du har inte läst över din läxa!

OFFICERN *skamsen* Jo det har jag, men ... Jag vet hur det är, men jag kan inte säga't ...

MAGISTERN Du ämnar svänga dig! Du vet det, men kan inte säga säga't. Kanske jag ska hjälpa dig!

Han luggar Officern.

OFFICERN Å, det är rysligt, det är rysligt!

MAGISTERN Ja det är rysligt att en så stor gosse inte har ambition ...

OFFICERN *pinad* En stor gosse, ja, jag är ju stor, mycket större än de här; jag är fullvuxen, jag har slutat skolan ... - Liksom vaknande. - jag är ju promoverad ... Varför sitter jag då här? Är jag inte promoverad?

MAGISTERN Jo visst, men du ska sitta och mogna, ser du. Du ska mogna ... Är det inte rätt kanske?

OFFICERN *tar sig för pannan* Jo, det är rätt, man skall mogna ... Två gånger två ... är två, och det skall jag bevisa med ett analogibevis, det högsta av alla bevis! Hör nu på! ... Ett gånger ett är ett, alltså är två gånger två två! Ty det som gäller om det ena gäller om det andra!

MAGISTERN Beviset är alldeles enligt logikens lagar, men svaret är orätt!

OFFICERN Det som är efter logikens lagar kan icke vara orätt! Låtom oss pröva! Ett uti ett går en gång, alltså går två uti två två gånger!

MAGISTERN Alldeles rätt enligt analogibeviset. Men hur mycket är då en gånger tre?

OFFICERN Det är tre!

MAGISTERN Följaktligen är två gånger tre också tre!

OFFICERN *eftertänksamt* Nej, det kan inte vara rätt ... det kan inte ... eller också ... *Sätter sig förtvivlad.* Nej, jag är inte mogen än!

MAGISTERN Nej, du är inte mogen på långt när ...

OFFICERN Men hur länge skall jag sitta här, då?

MAGISTERN Hur länge här? Tror du att tid och rum existerar? ... Antag att tid existerar, då skall du kunna säga vad tid är! Vad är tid?

OFFICERN Tid ... *Tänker.* Jag kan inte säga't men jag vet vad det är: Ergo kan jag veta hur mycket två gånger två är utan att jag kan säga det! Kan magistern säga vad tid är?

MAGISTERN Visst kan jag det!

ALLA GOSSARNE Säg det då!

MAGISTERN Tid? ... Ge mig si! *Blir stående orörlig med fingret på näsan.* Medan vi tala flyr tiden. Alltså är tiden något som flyr medan jag talar!

EN GOSSE *reser sig* Nu talar magistern och medan magistern talar, så flyr jag; alltså är jag tiden! *Flyr.*

MAGISTERN Det är alldeles rätt enligt logikens lagar!

OFFICERN Men då är logikens lagar galna, för Nils som flydde kan icke vara tiden.

MAGISTERN Det är också alldeles rätt enligt logikens lagar, fastän det är galet.

OFFICERN Då är logiken galen!

MAGISTERN Det ser verkligen så ut! Men är logiken galen, då är hela världen galen ... och då skall själva fan sitta här och lära er galenskaper! ... Är det någon som bjuder på en sup, så ska vi gå och bada!

OFFICERN Detta är en posterus prius eller bakvända världen, ty man brukar bada först och ta badsupen sedan! Gamla stofil!

MAGISTERN Doktorn ska inte vara högmodig!

OFFICERN Officern om jag får be! Jag är officer, och jag begriper inte varför jag sitter här och tar ovett bland skolpojkar ...

MAGISTERN *lyfter fingret* Vi skulle mogna!

KARANTÄNMÄSTAREN *in* Karantänen börjar!

OFFICERN Se där är du! Kan du tänka att han där låter mig sitta på skolbänken, fastän jag är promoverad!

KARANTÄNMÄSTAREN Nå, men varför går du inte din väg?

OFFICERN Säg det! ... Gå? Det är inte så gott det!

MAGISTERN Nej, jag tänker det! Försök!

OFFICERN *till Karantänmästaren* Rädda mig! Rädda mig från hans ögon!

KARANTÄNMÄSTAREN Kom bara! ... Kom och hjälp oss dansa ... Vi måste dansa innan pesten bryter ut! Vi måste!

OFFICERN Skall briggen gå då?

KARANTÄNMÄSTAREN Först skall briggen gå! ... Det blir ett gråtande förstås!

OFFICERN Alltid gråt: när han kommer, och när han går! ... Låt oss gå!

De gå ut. Magistern fortsätter tyst sin lektion.

Jungfrurna, som stått vid danssalens fönster, draga sig ledsna ned åt bryggan; Edit, som stått förstenad vid pianot, drar sig efter.

DOTTERN *till Officern* Finns då ingen lycklig människa i detta paradis?

OFFICERN Jo, där är två nygifta! Hör på dem!

De nygifta in.

MANNEN *till Hustrun* Min sällhet är så utan gräns att jag önskade dö ...

HUSTRUN Varför dö?

MANNEN Emedan mitt i lyckan växer ett frö till olyckan; den äter sig själv som eldslågan ... den kan icke brinna evigt, utan måste slockna; denna förkänsla av slutet förintar sällheten mitt på höjdpunkten.

HUSTRUN Låt oss dö tillsammans, just nu!

MANNEN Dö? Ja väl! Ty jag fruktar lyckan! Den bedrägliga!

De gå mot sjön.

DOTTERN *till Officern* Livet är ont! Det är synd om människorna!

OFFICERN Se på den här som kommer då! Det är den mest avundade av dödliga i denna orten! *Den Blinde ledes in.* Han äger dessa hundra italienska villor; han äger alla dessa fjärdar, vikar, stränder, skogar, med fiskarne i vattnet, fåglarne i luften och villebrådet i skogen. Dessa tusen människor äro hans hyresgäster och solen går upp över hans hav och ner över hans länder ...

DOTTERN Nåväl, klagar han också?

OFFICERN Ja, och med skäl, ty han kan icke se!

KARANTÄNMÄSTAREN Han är blind! ...

DOTTERN Den mest avundade av alla!

OFFICERN Nu skall han se briggen gå, där hans son är med!

DEN BLINDE Jag ser icke, men jag hör! Jag hör hur ankarklon river i bottenleran som när man drar en metkrok ur en fisk och hjärtat följer med upp genom halsen! ... Min son, mitt enda barn skall resa i främmade land på det vida havet; jag kan endast följa honom med mina tankar ... nu hör jag kättingen gnissla ... och ... det är något som fladdrar och snärtar som tvättkläder på torkstreck ... våta näsdukar kanske ... och jag hör hur det hulkar och snyftar som när mänskor gråta ... om det är småvågornas skvalp mot nåten eller om det är flickorna i stranden ... de övergivna ... de tröstlösa ... Jag frågade en gång ett barn varför havet var salt och barnet som hade en far på långresa svarade genast: havet är salt därför att sjömannen gråter så mycket. Varför gråter sjömannen så mycket då? ... Jo, svarte han, därför att de jämt ska resa bort ... Och därför torkar de alltid sina näsdukar uppe i masterna! ... Varför gråter människan när hon är ledsen, frågade jag vidare? ... Jo, sade han, därför att ögonglasen skola tvättas ibland för att man skall se klarare! ...

Briggen har gått till segel och glider bort; flickorna i stranden vifta med näsdukar och torka ömsom tårarne. Nu hissas på signalstället från förmasten signalen "ja", en röd kula på vit botten! Alice viftar jublande till svar.

DOTTERN *till Officern* Vad betyder den flaggan?

OFFICERN Den betyder "ja". Det är löjtnantens "ja ord" i rött, som det röda hjärtblodet, ritat på himlens blåa duk!

DOTTERN Hur ser "nej" ut då?

OFFICERN Det är blått som det skämda blodet i de blå ådrorna ... men se vad Alice jublar?

DOTTERN Och vad Edit gråter! ...

DEN BLINDE Råkas och skiljas! Skiljas och råkas! Det är livet! Jag råkade hans mor! Och så gick hon! Sonen hade jag kvar; nu gick han!

DOTTERN Han kommer väl igen! ...

DEN BLINDE Vem är som talar till mig? Jag har hört den rösten förr, i mina drömmar, i min ungdom, när sommarlovet började, i min nygiftastid, när mitt barn föddes; varje gång livet log hörde jag den rösten, som en sunnan-susning, som ett harp-ackord uppifrån, såsom jag föreställer mig änglahälsningen julnatten ...

ADVOKATEN *in, går fram till Den Blinde och viskar.*

DEN BLINDE Jaså!

ADVOKATEN Jo, så är det! *Fram till Dottern.* Nu har du sett det mesta, men du har icke prövat det värsta.

DOTTERN Vad kan det vara!

ADVOKATEN Gentagelsen ... Omtagningar! ... Gå tillbaks! Få bakläxa! ... Kom!

DOTTERN Vart?

ADVOKATEN Till dina plikter!

DOTTERN Vad är det?

ADVOKATEN Det är allt vad du fasar för! Allt vad du icke vill och måste! Det är att avstå, försaka, umbära, gå ifrån ... allt oangenämt, vidrigt, plågsamt ...

DOTTERN Finns det icke angenäma plikter?

ADVOKATEN De bli angenäma när de äro uppfyllda ...

DOTTERN När de icke finnas mera ... Plikt är således allt oangenämt! Vad är då det angenäma?

ADVOKATEN Det angenäma är synd.

DOTTERN Synd?

ADVOKATEN Som skall straffas, ja! Har jag haft en angenäm dag och afton, så har jag helveteskval och ont samvete dagen efter.

DOTTERN Så sällsamt!

ADVOKATEN Jo, jag vaknar på morgonen med huvudvärk; och så börjar gentagelsen, den perversa gentagelsen dock. På så sätt att allt som i går afton var vackert angenämt, kvickt, i dag på morgonen i minnet framställer sig som fult, vidrigt, dumt. Nöjet liksom ruttnar, och glädjen faller sönder. Det människorna kalla framgång blir alltid anledningen till nästa motgång. De framgångar jag haft i mitt liv blevo min undergång. Mänskorna hava nämligen en instinktiv fasa för andras välgång; de tycker att det är orättvist av ödet att gynna en, och därför söka de återställa jämvikten genom att rulla stenar på vägen. Att ha talang är livsfarligt, ty man kan lätt råka svälta ihjäl! ... Emellertid, återvänd till dina plikter, eller stämmer jag dig, och vi gå igenom alla tre instanserna, en, två, tre!

DOTTERN Återvända? Till plåtkaminen med kålgrytan, barnkläderna ...

ADVOKATEN Jaja! Vi ha stortvätt i dag, vi ska nämligen tvätta alla näsdukarne ...

DOTTERN Å, skall jag ta om'et igen?

ADVOKATEN Hela livet är bara omtagningar ... Se på magistern därinne ... Han promoverades i går, fick lagerkrans och kanonskott, besteg parnassen och omfamnades av monarken ... och i dag börjar han om skolan igen, frågar hur mycket är två gånger två, och därmed håller han på tills han dör ... Emellertid, kom tillbaka, till ditt hem!

DOTTERN Då dör jag hellre!

ADVOKATEN Dör? Det får man inte! Ty först är det vanhederligt, till den grad att ens lik blir skymfat, och sedan ... blir man osalig! ... det är dödssynd!

DOTTERN Det är inte lätt att vara människa!

ALLA Bra!

DOTTERN Jag återvänder icke till förnedringen och smutsen med er! ... Jag vill dit upp varifrån jag kommit, men ... först skall dörren öppnas att jag får veta hemligheten ... Jag vill att dörren öppnas!

ADVOKATEN Då måste du återvända på dina spår, gå samma väg tillbaka, och utstå alla processens vedervärdigheter, omtagningar, omskrivningar, upprepningar ...

DOTTERN Så må det ske, men jag går först ut i ensamheten och ödemarken att återfinna mig! Vi ses igen! *Till Diktaren.* Följ mig!

Jämmerrop från fonden i fjärran. O, ve! O, ve! - O, ve!

DOTTERN Vad var det?

ADVOKATEN Det är de osälla på Skamsund!

DOTTERN Varför klaga de mer än eljes, i dag?

ADVOKATEN Därför att solen skiner här, därför att det är musik här, dans här, ungdom här! Då känna de sina lidanden så mycket djupare.

DOTTERN Vi måste befria dem!

ADVOKATEN Försök! Det kom en gång en befriare, men han blev hängd på kors!

DOTTERN Av vem?

ADVOKATEN Av alla rätt-tänkande!

DOTTERN Vilka äro de?

ADVOKATEN Känner du icke alla de rätt-tänkande? Då skall du få känna dem!

DOTTERN Var det de som vägrade dig promotion?

ADVOKATEN Ja!

DOTTERN Då känner jag dem!

En strand vid Medelhavet. Till vänster i förgrunden synes en vit mur, över vilken fruktbärande orangeträd sticka upp. I fonden villor och Casino med terrass. Till höger ett stort upplag av stenkol med två skottkärror. I fonden till höger en flik av det blåa havet.

Två kolbärare nakna till midjan, svarta i ansiktet, om händerna och de nakna delarne av kroppen, sitta förtvivlade på var sin skottkärra.

Dottern och Advokaten i fonden.

DOTTERN Detta är paradiset!

1:a KOLBÄRAREN Detta är helvetet!

2:a KOLBÄRAREN Förtiåtta grader i skuggan!

1:a KOLBÄRAREN Ska vi gå i sjön?

2:a KOLBÄRAREN Då kommer polisen! Får inte bada här!

1:a KOLBÄRAREN Kan man inte få ta en frukt från trädet?

2:a KOLBÄRAREN Nej, då kommer polisen.

1:a KOLBÄRAREN Men jag kan inte arbeta i denna hetta; jag går ifrån alltsammans.

2:a KOLBÄRAREN Då kommer polisen och tar dig! ... Paus. Och för övrigt blir du utan mat ...

1:a KOLBÄRAREN Utan mat? Vi som arbetar mest, få äta minst; och de rika som inte göra någonting de ha mest! ... Skulle man inte - utan att gå sanningen för när - kunna påstå att det är orättvist? ... Vad säger Gudarnes dotter där?

DOTTERN Jag är svarslös! ... Men säg, vad har du gjort efter du är så svart och din lott så hård?

1:a KOLBÄRAREN Vad vi ha gjort? Vi ha blivit födda av fattiga och tämligen dåliga föräldrar ... Kanske straffade ett par gånger!

DOTTERN Straffade?

1:a KOLBÄRAREN Ja; de ostraffade sitta däroppe i Casino och spisa åtta rätter med vin.

DOTTERN *till Advokaten* Kan det vara sant?

ADVOKATEN I stort sett, ja! ...

DOTTERN Du menar att varje människa någon gång gjort sig förtjänt av fängelse?

ADVOKATEN Ja!

DOTTERN Även du?

ADVOKATEN Ja!

DOTTERN Är det sant att de arma icke få bada i havet här?

ADVOKATEN Ja; icke ens med kläderna på! Endast de som ärna dränka sig, slippa betala. Men de lära få stryk oppe i poliskammarn!

DOTTERN Kunna de inte gå utanför byn och bada, ut på landet?

ADVOKATEN Det finns inget fritt, allt är upptaget!

DOTTERN Ut i det fria, menar jag!

ADVOKATEN Det finns inget fritt, allt är upptaget!

DOTTERN Själva havet, det stora vida ...

ADVOKATEN Allt! Du får inte gå med en båt på havet och lägga i land utan att det skrivs opp och tas betalt. Det är vackert!

DOTTERN Detta är icke paradiset!

ADVOKATEN Nej, det lovar jag!

DOTTERN Varför gör människorna ingenting för att förbättra sin ställning ...

ADVOKATEN Jo visst gör de, men alla förbättrare sluta i fängelse eller på dårhus ...

DOTTERN Vem sätter dem i fängelse?

ADVOKATEN Alla rätt-tänkande, alla hederliga ...

DOTTERN Vem sätter dem på dårhus?

ADVOKATEN Deras egen förtvivlan att se det hopplösa i strävandet!

DOTTERN Har ingen kommit på den tanken att det av hemliga grunder skall vara som det är?

ADVOKATEN Jo, de som ha det bra, tänka alltid så!

DOTTERN Att det är bra som det är? ...

1:a KOLBÄRAREN Och likvisst äro vi samhällets fundamenter; om ni inte får något kol buret, så slocknar spisen i köket, cheminén i våningen, maskinen i fabriken; då slocknar ljuset på gatan, i butiken, i hemmet; mörker och köld faller över er ... och därför svettas vi som i helvetet för att bära det svarta kolet ... Vad gen I oss igen?

ADVOKATEN *till Dottern* Hjälp dem ... *Paus.* Att det inte kan bli alldeles lika för alla, det förstår jag, men att det kan få vara så olika??

HERRN och FRUN *gå över scenen*

FRUN Kommer du och spelar ett parti?

HERRN Nej, jag måste gå lite för att kunna äta middag!

1:a KOLBÄRAREN För att kunna äta middag?

2:a KOLBÄRAREN För att kunna ...?

Barnen in; skrika av fasa när de få se de svarta arbetarne.

1:a KOLARBETAREN De skrika, när de få se oss! De skrika ...

2:a KOLARBETAREN Fyffan! ... Vi få väl dra fram schavotterna snart och operera den här ruttna kroppen.

1:a KOLARBETAREN Fyffan! säger jag med! Tvi!

ADVOKATEN *till Dottern* Nog är det galet! Mänskorna äro inte så dåliga ... utan ...

DOTTERN Utan ...?

ADVOKATEN Utan administrationen ...

DOTTERN *döljer ansiktet och går* Detta är icke paradiset!

KOLARBETAREN Nej, det är helvetet, är det!

Fingalsgrottan. Långa gröna böljor slå sakta in i grottan; i förgrunden vaggar en rödmålad ljudboj på vågen, dock utan att bojen ljuder förrän på angivet ställe.

Vindarnes musik. Vågornas musik.

Dottern och Diktaren.

DIKTAREN Vart har du fört mig?

DOTTERN Långt från mänskobarnens sorl och jämmer, vid världshavets yttersta, till denna grotta som vi kalla med namnet Indras Öra, emedan himladrotten här säges lyssna till de dödliges klagomål!

DIKTAREN Huru? Här?

DOTTERN Ser du ej hur denna grotta är byggd som en snäcka? Jo, du ser det. Vet du ej att ditt öra är byggt som en snäcka? Du vet, men har ej tänkt på det. *Hon tar upp en snäcka från stranden.* Har du ej som barn hållit en snäcka för örat och hört ... hört ditt hjärtblod susa, dina tankars sorl i hjärnan, bristningen av tusen små utnötta trådar i din kropps vävnader ... Detta hör du i den lilla snäckan, föreställ dig då vad som skall höras i denna stora! ...

DIKTAREN *lyss* Jag hör intet, annat än vindens sus ...

DOTTERN Då blir jag dess tolk! Hör! Vindarnes klagan. *Reciterar vid svag musik.* Födda under himmelens skyar jagades vi av Indras

ljungeldar ner på den stoftiga jorden ... Åkrarnes strö solkade våra
fötter; landsvägarnes damm, städernas rökar, onda andedräkter,
matos och vinångor måtte vi fördraga ... Ut på vida havet sträckte vi
att lufta våra lungor, skaka våra vingar, och tvätta våra fötter. Indra,
himmelens herre, hör oss! Hör när vi sucka! Jorden är icke ren. livet
är icke gott, mänskorna icke onda, icke goda heller. De leva som de
kunna, en dag om sänder. Stoftets söner i stoft vandra, av stoftet
födda till stoft varda de. Fötter att trampa fingo de, vingar icke.
Dammiga bliva de, är skulden deras eller din?
DIKTAREN Så hörde jag en gång ...
DOTTERN Tyst! Vindarne sjunga än! *Reciterar vid svag musik.*
Vindarne, vi luftens barn, föra mänskornas klagan. Hörde du oss i
skorstenspipan om höstkväll, i kaklugnsluckorna, i fönsterspringan,
då regnet grät ute på takplåtarne, eller i vinterkväll i snöig furuskog
på blåsiga havet hörde du jämmer och kvidan i segel och tåg ... Det
är vi, vindarne, luftens barn, som ur människobröst dem vi gått
igenom, lärt oss dessa kvalens toner ... I sjukrum, på slagfält, i
barnkamrar mest där nyfödda kvida, klaga, skrika av smärtan att vara
till. Det är vi, vi vindarne som vina och vinsla ve! ve! ve!
DIKTAREN Mig synes att jag förr ...
DOTTERN Tyst! Vågorna sjunga. *Reciterar vid svag musik.* Det är vi,
vi vågorna, som vagga vindarne till vila! Gröna vaggor, vi vågor. Våta
äro vi, och salta; likna eldens lågor; våta lågor äro vi. Släckande,
brännande, tvättande, badande, alstrande, avlande. Vi, vi, vågorna,
som vagga vindarne till vila!
DOTTERN Falska vågor och trolösa; allt vad på jorden icke brännes,
det dränkes - i vågorna. - Se här. *Visar på en skräphög.* Se här vad
havet rövat och krossat ... Galjonsbilderna återstå endast av de
sjunkna skeppen ... och namnen: Rättvisan, Vänskapen, Gyllne
Freden, Hoppet - det är allt som återstår av Hoppet ... det bedrägliga
Hoppet! ... Lästänger, årtullar, öskar! Och se: livbojen ... han räddade
sig själv, men lät den nödställda förgås!
DIKTAREN *letar i skräphögen* Skeppet Rättvisans namnbräda är här.
Det var samma ett som lämnade Fagervik med Den Blindes son.
Alltså sjunkit! Och där ombord var Alices fästman, Edits hopplösa
kärlek.
DOTTERN Den Blinde? Fagervik? Det måtte jag ha drömt! Och
Alices fästman, fula Edit, Skamsund och karantänen, svavel och

karbol, promotionen i kyrkan, advokatkontoret, korridoren och Victoria, Det växande slottet och Officern ... Det har jag drömt ...

DIKTAREN Det har jag diktat en gång!

DOTTERN Då vet du vad dikt är ...

DIKTAREN Då vet jag vad dröm är ... Vad är dikt?

DOTTERN Ej verklighet, men mer än verklighet ... ej dröm, men vakna drömmar ...

DIKTAREN Och mänskobarnen tro att vi diktare blott leka ... hitta på och finna upp!

DOTTERN Väl är det, min vän, ty eljes skulle världen läggas öde av brist på uppmuntran. Alla skulle ligga på rygg och titta åt himlen; ingen skulle ta i tu med plog och spade, hyvel eller hacka.

DIKTAREN Detta talar du, Indras dotter, du som till hälften hör hemma därovan ...

DOTTERN Du har rätt att förebrå mig; jag har gått för länge här nere och badat gyttjebad som du ... Mina tankar kunna icke flyga mer; lera på vingarne ... jord på fötterna ... och jag själv - *Lyfter armarna.* - jag sjunker, sjunker ... Hjälp mig, fader, himmelens Gud! *Tystnad.* Jag hör ej mer hans svar! Etern bär icke fram ljudet från hans läppar till mitt öras snäcka ... silvertråden har brustit ... Ve, jag är jordbunden!

DIKTAREN Ämnar du stiga ... snart?

DOTTERN Så fort jag bränt stoftet ... ty oceanens vatten kan icke rena mig. Vi spörjer du så?

DIKTAREN Därför att ... jag har en bön ... en böneskrift ...

DOTTERN Vad för en böneskrift ...

DIKTAREN En mänsklighetens böneskrift till världens härskare, uppsatt av en drömmare!

DOTTERN Att framlämnas av? ..

DIKTAREN Av Indras dotter ...

DOTTERN Kan du säga din dikt?

DIKTAREN Jag kan.

DOTTERN Säg den då!

DIKTAREN Bättre du!

DOTTERN Var läser jag den?

DIKTAREN I mina tankar, eller här!

Lämnar en pappersrulle.

DOTTERN Väl, så skall jag säga den!

Mottager papperet, men läser utantill.

DOTTERN "Varför födes du med smärta, varför plågar du din moder, mänskobarn, när du skall skänka henne modersfröjden, fröjden över alla fröjder? Varför vaknar du till livet, varför hälsar du på ljuset, med ett skrik av ondska och av smärta? Varför ler du ej mot livet, mänskobarn, då livets gåva skall ju vara glädjen själv? Varför födas vi likt djuren, vi av gudastam och mänskoätt? Anden krävde dock en annan klädnad än den här av blod och smuts! Skall Guds avbild ömsa tänder ..." ... Tyst! förvetne ... verket klandre icke mästarn! Livets gåta löste ingen än! ... "Och så börjar vandringsloppet över törne, tistel, stenar; går det någon gång på banad väg kallas genast den förbjuden; plockar du en blomma, straxt får du vet att den äges av en annan; stänges vägen av en åker och du måste fram din färd, trampar du i andras gröda; andra trampa sen i din, för att göra skillnan mindre! Varje glädje som du njuter bringar alla andra sorg, men din sorg gör ingen glädje, därför är det sorg på sorg! Så går färden till din död som tyvärr blir andras bröd!" - - - Är det så du ämnar nalkas, stoftets son, den allerhögste ...?

DIKTAREN Hur skall stoftets son väl finna ord nog ljusa, rena, lätta, att från jorden kunna stiga ... Gudabarn, vill du vår klagan sätta över i det språk de Odödlige bäst fatta?

DOTTERN Jag vill!

DIKTAREN *antyder bojen* Vad är det som flyter där? ... En boj?

DOTTERN Ja!

DIKTAREN Den liknar en lunga med ett struphuvud!

DOTTERN Det är havets väktare. När fara är å färde, sjunger den.

DIKTAREN Mig synes havet stiger och sjöarne börja gå ...

DOTTERN Olikt är det icke!

DIKTAREN Ve! Vad ser jag? Ett skepp ... utanför revet.

DOTTERN Vilket skepp kan det vara?

DIKTAREN Jag tror, det är spökskeppet.

DOTTERN Vad är det?

DIKTAREN Flygande Holländaren.

DOTTERN Den? Varför straffas han så hårt, och varför tar han ej i land?

DIKTAREN Därför att han hade sju otrogna hustrur.

DOTTERN Skall han straffas för det?

DIKTAREN Ja! Alla rätt-tankande dömde honom ...

DOTTERN Underliga värld! ... Hur kan han befrias från bannet då?

123

DIKTAREN Befrias? Man aktar sig väl att befria ...

DOTTERN Varför?

DIKTAREN Därför, att ... Nej, det är icke Holländarn? Det är ett vanligt skepp som är i nöd! ... Varför skriker icke bojen nu? ... Se havet stiger, sjön går hög; snart äro vi stängda i grottan! ... Nu ringer det i skeppsklockan! - Snart får vi en galjonsbild till ... Skrik, boj, gör din plikt, väktare ...

Bojen sjunger ett fyrstämmigt kvint-sext-ackord liknande mistlurar. ... Besättningen vinkar åt oss ... men vi själva förgås!

DOTTERN Vill du icke befrielsen?

DIKTAREN Jo visst, visst vill jag, men inte nu ... och inte i vatten!

BESÄTTNINGEN *sjunger fyrstämmigt* Krist Kyrie!

DIKTAREN Nu ropa de; och havet ropar! Men ingen hör.

BESÄTTNINGEN *som förut* Krist Kyrie!

DOTTERN Gångande på vattnet? Det är bara en som går på vattnet - Petrus, hälleberget, är det inte, ty han sjönk som en sten ...

Ett vitt sken synes utpå havet.

BESÄTTNINGEN Krist Kyrie!

DOTTERN Är detta Han?

DIKTAREN Det är han, den korsfäste ...

DOTTERN Varför - säg mig, varför blev han nu korsfäst?

DIKTAREN Därför att han ville befria ...

DOTTERN Vilka - jag har glömt det - vilka korsfäste honom?

DIKTAREN Alla rätt-tankande.

DOTTERN Vilken underlig värld!

DIKTAREN Havet stiger! Mörkret överfaller oss ... Stormen ökas ...

BESÄTTNINGEN *ger ett anskri.*

DIKTAREN Besättningen skriker av fasa, när de få se sin räddare ... Och nu ... de springa över bord, av fruktan för frälsaren ...

BESÄTTNINGEN *ger ett nytt anskri.*

DIKTAREN Nu skrika de för att de skola dö! Skriker när de föds och skriker när de dör!

De stigande vågorna hota att dränka dem i grottan.

DOTTERN Om jag vore viss på att det är ett skepp ...

DIKTAREN I sanning ... jag tror icke det är ett skepp ... det är ett tvåvåningshus, med träd utanför ... och ... telefontorn ... ett torn som räcker upp i skyarne ... Det är det modärna Babels torn, som sänder trådar ditupp - för att meddela de övre ...

DOTTERN Barn, mänskotanken behöver ingen metalltråd för att flytta sig; ... den frommes bön tränger genom världarne ... Det är bestämt intet Babelstorn, ty vill du storma himlen, så bestorma den med dina böner!

DIKTAREN Nej, det är intet hus ... intet telefontorn ... ser du det?

DOTTERN Vad ser du?

DIKTAREN Jag ser en hed i snö, en exercished ... vintersolen skiner bakom en kyrka på kullen, och tornet kastar sin långa skugga på snön ... nu kommer en trupp soldater marscherande på heden; de marschera på tornet, uppför spiran; nu äro de på korset, men jag förnimmer det som om den första, vilken trampar på tuppen, måste dö ... nu nalkas de ... korpralen som går i spetsen ... haha! det kommer ett moln farande över heden, förbi solen förstås ... nu är det borta alltihop ... molnets vatten släckte solens eld! - Solens ljus skapte tornets mörkerbild, men molnets mörkerbild kvävde tornets mörkerbild ...

Under det ovanstående talats har scenen åter förändrats till teaterkorridoren.

DOTTERN *till Portvakterskan* Har lordkanslern anlänt ännu?

PORTVAKTERSKAN Nej!

DOTTERN Dekanerna då?

PORTVAKTERSKAN Nej!

DOTTERN Kalla dem då, genast, ty dörren skall öppnas ...

PORTVAKTERSKAN Är det så angeläget?

DOTTERN Ja, det är! Ty det finns en misstanke om att världsgåtans lösning skall ligga förvarad därinne! ... Kalla lordkanslern och de fyra fakulteternas dekaner, alltså!

PORTVAKTERSKAN *visslar i en pipa.*

DOTTERN Och glöm inte glasmästarn med diamanten, för eljes blir det intet av!

TEATERFOLK in från vänster som i början av spelet.

OFFICERN *in från fonden i redingot och cylinder med en rosenbukett i handen, strålande glad* Victoria!

PORTVAKTERSKAN Fröken kommer strax!

OFFICERN Det är bra! Kaleschen väntar, bordet är dukat, champagnen ligger på is ... Får jag omfamna er, fru. *Omfamnar Portvakterskan.* Victoria!

EN KVINNORÖST *uppifrån, sjunger* Jag är här!

OFFICERN *börjar vandra* Väl! Jag väntar.
DIKTAREN Mig syntes att jag upplevat detta förr ...
DOTTERN Mig även.
DIKTAREN Kanske jag drömt det?
DOTTERN Eller diktat det, kanske?
DIKTAREN Eller diktat det.
DOTTERN Då vet du vad dikt är.
DIKTAREN Då vet jag vad dröm är.
DOTTERN Mig tycks att vi stått någon annanstans och sagt dessa ord förr.
DIKTAREN Då kan du snart räkna ut vad verklighet är!
DOTTERN Eller dröm!
DIKTAREN Eller dikt!
Lordkanslern. Dekanus för teologiska, filosofiska, medicinska, juridiska fakulteterna.
LORDKANSLERN Det är frågan om dörrn förstås! - Vad menar Dekanus i Teologiska fakulteten?
DEKANUS FÖR TEOLOGISKA FAKULTETEN Jag menar icke, utan jag tror ... credo ...
DEKANUS FÖR FILOSOFISKA FAKULTETEN Jag anser ...
DEKANUS FÖR MEDICINSKA FAKULTETEN Jag vet ...
DEKANUS FÖR JURIDISKA FAKULTETEN Jag betvivlar, tills jag fått bevis och vittnen!
LORDKANSLERN Nu ska de gräla igen! ... Vad tror då först Teologen?
DEKANUS FÖR TEOLOGISKA FAKULTETEN Jag tror att denna dörr icke får öppnas, emedan den döljer farliga sanningar ...
DEKANUS FÖR FILOSOFISKA FAKULTETEN Sanningen är aldrig farlig.
DEKANUS FÖR MEDICINSKA FAKULTETEN Vad är sanning?
DEKANUS FÖR JURIDISKA FAKULTETEN Det som kan bevisas med två vittnen.
DEKANUS FÖR TEOLOGISKA FAKULTETEN Med två falska vittnen kan allting bevisas - för en lagvrängare.
DEKANUS FÖR FILOSOFISKA FAKULTETEN Sanning är vishet, och visheten, vetandet är filosofien själv ... Filosofien är vetenskapernas vetenskap, vetandets vetande, och alla andra vetenskaper äro filosofiens tjänare.

DEKANUS FÖR MEDICINSKA FAKULTETEN Den enda vetenskapen är naturvetenskapen, filosofien är ingen vetenskap. Det är bara tomma spekulationer.

DEKANUS FÖR TEOLOGISKA FAKULTETEN Bravo!

DEKANUS FÖR FILOSOFISKA FAKULTETEN *till Teol.* Du säger bravo! Vad är du för slag? Du är allt vetandes arvfiende, du är motsatsen mot vetenskap, du är okunnigheten och mörkret ...

DEKANUS FÖR MEDICINSKA FAKULTETEN Bravo!

DEKANUS FÖR TEOLOGISKA FAKULTETEN *till Medic.* Du säger bravo, du, som inte ser längre än näsan räcker i förstoringsglaset, du som bara tror på dina bedrägliga sinnen, på ditt öga till exempel, som kan vara långsynt, kortsynt, blint, skumögt, vindögt, enögt, färgblint, rödblint, grönblint ...

DEKANUS FÖR MEDICINSKA FAKULTETEN Dumbom!

DEKANUS FÖR TEOLOGISKA FAKULTETEN Åsna!

De brasa ihop.

LORDKANSLERN Stilla! Inte skall den ena korpen hacka öga ur den andra.

DEKANUS FÖR FILOSOFISKA FAKULTETEN Om jag skulle välja emellan de där två, Teologin och Medicin, så valde jag - ingen!

DEKANUS FÖR JURIDISKA FAKULTETEN Och skulle jag sitta domare över er andra tre, så fällde jag - er alla! ... Ni kan ju inte bli ense i någon enda punkt, och har aldrig kunnat det. - Till saken, åter! Vilka äro lordkanslerns åsikter om denna dörr och dess öppnande?

LORDKANSLERN Åsikter! Jag har inga åsikter. Jag är bara tillsatt av regeringen att se efter det ni inte bryter armar och ben av varandra i konsistorium ... medan ni uppfostrar ungdomen. Åsikter? Nej, jag aktar mig, jag, för åsikter. Jag hade en gång några stycken, men de blevo genast vederlagda; åsikter bli genast vederlagda - av motståndaren förstås! ... Kanske vi nu få öppna dörren, även med risk att den döljer farliga sanningar?

DEKANUS FÖR JURIDISKA FAKULTETEN Vad är sanning? Var är sanningen?

DEKANUS FÖR TEOLOGISKA FAKULTETEN Jag är sanningen och livet ...

DEKANUS FÖR FILOSOFISKA FAKULTETEN Jag är vetandets vetande ...

DEKANUS FÖR MEDICINSKA FAKULTETEN Jag är det exakta

vetandet ...
DEKANUS FÖR JURIDISKA FAKULTETEN Jag betvivlar!
De brasa ihop.
DOTTERN Ungdomens lärare, blygs!
DEKANUS FÖR JURIDISKA FAKULTETEN Lordkansler,
regeringens ombud, lärarekårens huvud, beivra denna kvinnas
förseelse! Hon har bett er blygas, det är skymf, och hon har kallat er i
försmädlig, ironisk bemärkelse ungdomens lärare, och det är smädligt
tal.
DOTTERN Arma ungdom!
DEKANUS FÖR JURIDISKA FAKULTETEN Hon beklagar
ungdomen, det är att anklaga oss. Lordkansler, beivra förseelsen!
DOTTERN Ja, jag anklagar er, er i gemen, att så tvivel och tvedräkt i
de ungas sinnen.
DEKANUS FÖR JURIDISKA FAKULTETEN Hör, hon väcker
själv tvivel om vår auktoritet hos de unga, och så anklagar hon oss att
väcka tvivel. Är det inte en brottslig handling, frågar jag alla rätt-
tankande?
ALLA RÄTT-TANKANDE Jo, det är brottsligt.
DEKANUS FÖR JURIDISKA FAKULTETEN Alla rätt-tänkande
människor ha dömt dig! - Gå i frid med din vinning! Eljes ...
DOTTERN Min vinning? - Eljes? Eljes vad?
DEKANUS FÖR JURIDISKA FAKULTETEN Eljes blir du stenad.
DIKTAREN Eller korsfäst.
DOTTERN Jag går. Följ mig, och du skall få veta gåtan!
DIKTAREN Vilken gåta?
DOTTERN Vad menar han med "min vinning"? ...
DIKTAREN Troligen ingenting. Det är sådant vi kallar prat. Han
pratade.
DOTTERN Men han kränkte mig djupast med det!
DIKTAREN Därför sa han väl det också ... Sådana äro människorna.
ALLA RÄTT-TÄNKANDE Hurra! Dörren är öppnad.
LORDKANSLERN Vad doldes bakom dörren?
GLASMÄSTAREN Jag kan inte se någonting.
LORDKANSLERN Han kan inte se någonting, nej, det tror jag
det! ... Dekanerna! Vad doldes bakom dörren?
DEKANUS FÖR TEOLOGISKA FAKULTETEN Intet! Det är
världsgåtans lösning ... Av intet skapade Gud i begynnelsen himmel
och jord.

DEKANUS FÖR FILOSOFISKA FAKULTETEN Av intet blir intet.

DEKANUS FÖR MEDICINSKA FAKULTETEN Bosch! Det är intet.

DEKANUS FÖR JURIDISKA FAKULTETEN Jag betvivlar. Och här föreligger ett bedrägeri. Jag vädjar till alla rätt-tänkande?

DIKTAREN Ja, säg det, den som kan. Alla rätt-tänkande är oftast bara en person. I dag är det jag och de mina, i morgon är det du och de dina. - Det utnämns man till, eller rättare, det utnämner man sig till.

ALLA RÄTT-TÄNKANDE Man har bedragit oss!

LORDKANSLERN Vem har bedragit er?

ALLA RÄTT-TÄNKANDE Dottern!

LORDKANSLERN Vill dottern vara god och säga oss vad hon menat med denna dörröppning?

DOTTERN Nej, go vänner! Om jag sade't, skullen I icke tro't.

DEKANUS FÖR MEDICINSKA FAKULTETEN Där är ju intet.

DOTTERN Du sade't. - Men du förstod det intet!

DEKANUS FÖR MEDICINSKA FAKULTETEN Det är bosch vad hon säger.

ALLA Bosch!

DOTTERN *till Diktaren* Det är synd om dem.

DIKTAREN Menar du allvar?

DOTTERN Alltid allvar.

DIKTAREN Finner du synd om de rätt-tänkande också?

DOTTERN Kanske mest om dem.

DIKTAREN Om de fyra fakulteterna också?

DOTTERN Även, och icke minst! Fyra huven, fyra sinnen, på en kropp! Vem har skapat det monstret?

ALLA Hon svarar icke!

LORDKANSLERN Slå henne då!

DOTTERN Jag har svarat.

LORDKANSLERN Hör, hon svarar.

ALLA Slå henne! Hon svarar.

DOTTERN Antingen hon svarar, eller icke svarar; slå henne! ... Kom, Siare, skall jag - långt härifrån! - säga dig gåtan - men ute i ödemarken, där ingen hör oss, ingen ser oss! Ty ...

ADVOKATEN *fram, tar Dottern i armen* Har du glömt dina plikter?

DOTTERN Å, Gud, nej! Men jag har högre plikter.

ADVOKATEN Och ditt barn?

DOTTERN Mitt barn! Vad mer?

ADVOKATEN Ditt barn ropar efter dig.

DOTTERN Mitt barn! Ve, jag är jordbunden! ... Och denna plåga i mitt bröst, denna ångest ... vad är det?

ADVOKATEN Vet du icke?

DOTTERN Nej!

ADVOKATEN Det är samvetskvalen.

DOTTERN Är det samvetskvalen?

ADVOKATEN Ja! Och de infinna sig efter varje försummad plikt, efter varje nöje, även det oskyldigaste, om det nu finns oskyldiga nöjen, vilket är tvivelaktigt; och efter varje lidande man tillfogat sin nästa.

DOTTERN Och det givs ingen bot?

ADVOKATEN Jo, men bara en! Det är att genast uppfylla plikten ...

DOTTERN Du ser ut som en dämon, när du nämner ordet plikt! - Men när man som jag har två plikter att fylla?

ADVOKATEN Så fyller man först den ena, sen den andra!

DOTTERN Den högsta först ... därför, se efter mitt barn, du, så skall jag fylla min plikt ...

ADVOKATEN Ditt barn lider av saknaden ... kan du veta att en människa lider för dig?

DOTTERN Nu fick jag ofrid i min själ ... den gick i tu och det sliter åt två håll!

ADVOKATEN Det är livets små disharmonier, ser du!

DOTTERN Å, vad det sliter!

DIKTAREN Anade du vad jag spritt sorg och förödelse genom uppfyllandet av min kallelse, märk kallelse, som är den högsta plikten, skulle du icke vilja ta mig i handen!

DOTTERN Hur så?

DIKTAREN Jag hade en far vilken byggt sitt hopp på mig såsom enda sonen, vilken skulle fortsätta hans affär ... Jag rymde från handelsinstitutet ... Min far grämde ihjäl sig. Min mor ville ha mig till religiös ... jag kunde icke bli religiös ... hon försköt mig ... Jag hade en vän som understött mig i nödens hårda tider ... Vännen uppträdde som tyrann mot dem jag talade för och sjöng för. Jag måste stöta ner min vän och välgörare för att rädda min själ! Sen dess har jag ingen ro mer; människorna kalla mig ärelös, avskum, det hjälper icke att mitt samvete säger: du har gjort rätt, ty nästa stund säger samvetet: du har gjort orätt! Sådant är livet.

DOTTERN Följ mig ut i ödemarken!

ADVOKATEN Ditt barn!

DOTTERN *antyder alla närvarande* Här äro mina barn! En och en äro de snälla, men bara de råka ihop, så kivas de och bli till dämoner ... Farväl!

Utanför slottet; samma dekoration som 1:a tablån i 1:a akten. Men marken nedanför slottsgrunden är nu täckt med blommor (Blå stormhatt, Aconitum). På slottets tak längst upp på lanterninen syns en Chrysanthemumknopp färdig att slå ut. Slottsfönstren äro illuminerade med stearinljus.

Dottern och Diktaren.

DOTTERN Stunden är icke avlägsen, då jag med eldens hjälp skall stiga till etern igen ... Det är detta ni kallar att dö och som I nalkens med fruktan.

DIKTAREN Fruktan för det okända.

DOTTERN Som I kännen.

DIKTAREN Vem känner det?

DOTTERN Alla! Varför tron I icke era profeter?

DIKTAREN Profeter ha alltid varit misstrodda; hur kommer det sig? - Och "om Gud har talat, varför tro då icke människorna"? Hans övertygande makt borde vara oemotståndlig!

DOTTERN Har du alltid tvivlat?

DIKTAREN Nej! Jag har haft vissheten många gånger; men efter en tid gick den sin väg, som en dröm när man vaknar!

DOTTERN Det är icke lätt att vara människa!

DIKTAREN Du inser och erkänner det? ...

DOTTERN Ja!

DIKTAREN Hör du! Var det icke Indra som en gång sände sin son hit ner för att höra mänsklighetens klagomål?

DOTTERN Jo, det var! Hur blev han mottagen?

DIKTAREN Hur fyllde han sin mission? för att svara med en fråga.

DOTTERN För att svara med en annan ... Blev icke människans ställning förbättrad efter hans besök på jorden? Svara sanningsenligt!

DIKTAREN förbättrad? ... Jo, litet! Mycket litet! ... Men, i stället för att fråga: Vill du säga mig gåtan?

DOTTERN Ja! Men till vad gagn? Du tror mig ju icke!

DIKTAREN Dig vill jag tro, ty jag vet vem du är!

DOTTERN Nåväl, jag skall säga!

I tidernas morgon innan solen lyste, gick Brama, den gudomliga urkraften, och lät förleda sig av Maja, världsmodren, till att föröka sig. Detta det gudomliga urämnets beröring med jordämnet var himlens syndafall. Världen, livet och människorna äro sålunda endast ett fantom, ett sken, en drömbild ...

DIKTAREN Min dröm!

DOTTERN En sanndröm! ... Men, för att befrias ur jordämnet, söker Bramas avkomlingar försakelsen och lidandet ... Där har du lidandet såsom befriaren ... Men denna trängtan till lidandet råkar i strid med begäret att njuta, eller kärleken ... förstår du än vad kärleken är, med dess högsta fröjder i de största lidanden, det ljuvaste i det bittraste! Förstår du nu vad kvinnan är? Kvinnan, genom vilken synden och döden inträdde i livet?

DIKTAREN Jag förstår! ... Och slutet? ...

DOTTERN Det du känner ... Striden mellan njutningens smärta och lidandets njutning ... botgörarens kval och vällustingens fröjder ...

DIKTAREN Alltså strid?

DOTTERN Strid mellan motsatser alstrar kraft, liksom elden och vattnet ger ångkraft ...

DIKTAREN Men friden? Vilan?

DOTTERN Tyst, du får icke fråga mer, och jag får icke svara! ... Altaret är redan smyckat till offringen ... blommorna stå vakt; ljusen äro tända ... vita lakan för fönstren ... granris i portgången ...

DIKTAREN Detta säger du lugnt som om icke lidande fanns för dig!

DOTTERN Icke? ... Jag har lidit alla edra lidanden, men hundrafalt, ty mina förnimmelser voro finare ...

DIKTAREN Säg dina sorger!

DOTTERN Skald, kunde du säga dina, så att icke ett ord stack utöver; kunde ditt ord någon enda gång nå upp mot din tanke?

DIKTAREN Du har rätt, nej! Jag gick som en dövstum inför mig själv, och när hopen lyssnade med beundran till min sång, fann jag den själv vara skrål ... därför, ser du, blygdes jag alltid, när man hyllade mig!

DOTTERN Och då vill du att jag? Se mig i ögat!

DIKTAREN Jag håller icke ut din blick ...

DOTTERN Hur ville du då hålla ut mitt ord, om jag skulle tala mitt språk! ...

DIKTAREN Säg dock, innan du går: vad led du mest av, härnere?

DOTTERN Av - att vara till; att känna min syn försvagad av ett öga, min hörsel förslöad av ett öra, och min tanke, min luftiga ljusa tanke bunden i fettslyngors labyrinter. Du har ju sett en hjärna ... vilka krokvägar, vilka krypvägar ...

DIKTAREN Jo, och det är därför alla rätt-tänkande tänka krokigt!

DOTTERN Elak, alltid elak, men det är ni alla! ...

DIKTAREN Hur kan man vara annat?

DOTTERN Nu skuddar jag först stoftet av mina fötter ... jorden, leran ...

Hon tar av skorna och lägger dem i elden.

PORTVAKTERSKAN *in, lägger sin schal i elden* Kanske jag får bränna upp min schal med? *Ut.*

OFFICERN *in* Och jag mina rosor som bara har taggarna kvar! *Ut.*

AFFISCHÖREN *in* Affischerna får gå, men sänkhåven aldrig! *Ut.*

GLASMÄSTAREN *in* Diamanten, som öppnade dörrn! Farväl! *Ut.*

ADVOKATEN *in* Protokollen i den stora processen rörande påvens skägg eller vattuminskningen i Ganges källor. *Ut.*

KARANTÄNMÄSTAREN *in* Ett litet bidrag, av den svarta mask som gjorde mig till morian mot min vilja! *Ut.*

VICTORIA *in* Min skönhet, min sorg! *Ut.*

EDIT *in* Min fulhet, min sorg! *Ut.*

DEN BLINDE *in, sticker handen i elden* Jag ger min hand för mitt öga! Ut.

DON JUAN *i rullstolen in.*

HON och VÄNNEN.

DON JUAN Raska på, raska på, livet är kort! *Ut med de andra.*

DIKTAREN Jag läste att när som livet nalkas slutet, allt och alla rusa förbi i en enda defilé ... Är detta slutet?

DOTTERN Ja, det är mitt! Farväl!

DIKTAREN Säg ett avsked!

DOTTERN Nej, jag kan icke! Tror du att era ord kunna säga våra tankar!

TEOLOGEN *in, rasande* Jag är desavouerad av Gud, jag är förföljd av människor, övergiven av regeringen och förhånad av mina ämbetsbröder! Hur skall jag kunna tro, när ingen annan tror ... hur skall jag försvara en gud, som icke försvarar de sina? Bosch är det! *Kastar en bok på elden och går ut.*

DIKTAREN *rycker boken ur elden* Vet du vad det var? ... Ett martyrologium, en kalender med en martyr för varje dag i året.
DOTTERN Martyr?
DIKTAREN Ja, en som pinats och dödats för sin tro! Säg varför! Tror du att alla, som pinas, lida, och att alla, som dödas, känna smärta? Lidandet är ju förlossningen och döden befrielsen.
KRISTIN *med pappersremsor* Jag klistrar, jag klistrar tills det inte finns något mer att klistra ...
DIKTAREN Och om själva himlen rämnade, så skulle du försöka klistra till den ... Gå!
KRISTIN Är det inga innanfönster där i slottet.
DIKTAREN Nej, du, inte där!
KRISTIN *ut* Då går jag, då!

DOTTERN
Vårt avsked förestår och slutet nalkas;
farväl du mänskobarn, du drömmare,
du skald som bäst förstår att leva;
på vingar svävande utöver jorden,
du dyker ner ibland i mullen
för att den snudda vid, ej fastna!

- - - - - - - - - -

Nu när jag går ... i avskedsstunden
när man skall skiljas från en vän, en plats,
hur stiger icke saknaden av det man älskat,
och ångern över det man brutit ...
O, nu jag känner hela varat's smärta,
så är det då att vara människa ...
Man saknar även det man ej värderat
man ångrar även det man icke brutit ...
Man vill gå bort, och man vill stanna ...
Så rivas hjärtats hälfter var åt sitt håll,
och känslan slits som mellan hästar
av motsats, obeslutsamhet, disharmoni ...

- - -

Farväl! Säg dina syskon att jag minns dem,
dit nu jag går, och deras klagan
skall i ditt namn jag bära fram till tronen.
Farväl!

Hon går in i slottet. Musik höres! Fonden upplyses av det brinnande slottet och visar nu en vägg av människoansikten, frågande, sörjande, förtvivlade ... När slottet brinner slår blomknoppen på taket ut till en jättekrysantemum.

Also available from JiaHu Books:

Röda rummet – August Strindberg
Brand -Henrik Ibsen
Et Dukkhjem – Henrik Ibsen
(Norwegian/English Bilingual text also available)
Peer Gynt – Henrik Ibsen
Synnøve Solbakken - Bjørnstjerne Bjørnson
The Little Mermaid and Other Stories (Danish/English Texts) -
Hans-Christian Andersen

9 781909 669505